信息结构理论探析

史成周　著

山东大学出版社

图书在版编目(CIP)数据

信息结构理论探析/史成周著．—济南：山东大学出版社，2016.9
ISBN 978-7-5607-5622-6

Ⅰ.①信…　Ⅱ.①史…　Ⅲ.①信息学—研究　Ⅳ.①G201

中国版本图书馆 CIP 数据核字(2016)第 229336 号

责任编辑：张申华
封面设计：牛　钧

出版发行：山东大学出版社
社　址　山东省济南市山大南路 20 号
邮　编　250100
电　话　市场部(0531)88364466
经　销：山东省新华书店
印　刷：济南新科印务有限公司
规　格：787 毫米×1092 毫米　1/16
13.25 印张　241 千字
版　次：2016 年 9 月第 1 版
印　次：2016 年 9 月第 1 次印刷
定　价：26.00 元

目录

绪　论

在过去几十年里，信息结构理论不断地得到充实、丰富和发展，并且广泛应用于话语分析、二语写作、翻译等领域，取得了令人瞩目的成果(Ariel，1990；Baumann & Schumacher，2012；Brown & Yule，1983；Chafe，1976；Chomsky，1971；Firbas，1966；Gundel et al.，1993；Halliday，1967；Lambrecht，1994；Prince，1992；Riester & Baumann，2011；苗兴伟，2003；任绍曾，2010；唐韧，2010；王义娜，2006；徐盛桓，1996；张今、张克定，2004；张克定，2012)。然而，在很多文献中，由于对新、旧界定的视角、对象、术语不同，出现了"同字不同意、同意不同字、字同意不同、意同字不同"的现象。就笔者所知，表示"新"的术语就有 new/unknown/novel/focus/unidentifiable/nonidentifiable/unpredictable/nonrecoverable/nonderivable/irrecoverable/indefinite/inactive/nonanaphoric/unfamiliar/independent/contextually nonbound/irretrievable 等近 20 个，表示"旧"的术语就有 old/given/known/activated/evoked/presupposed/presupposition/identifiable/identified/predictable/recoverable/definite/active/anaphoric/accessible/available/derivable/non-new/familiar/dependent/contextually bound/retrievable 等 20 多个。这导致新、旧定义解读困难，甚至引起误解，很多信息理论之间、实证研究之间不具可比性，在一定程度上束缚了信息理论的应用和发展。因此，必须解决的问题是，新、旧信息究竟指什么新、旧？从什么视角看是新、旧？分析信息理论及其应用表明，新、旧可以是话语新、旧，听者新、旧，关系新、旧，词项新、旧等多种不同意义上的新、旧，不同的语言构式受不同意义上的新、旧的制约。语篇中信息的包装不但受新、旧信息的制约，还受信息度的影响。

为了厘清不同意义上的新、旧信息，对新、旧的分析包括新、旧定义，定义的视角，定义的对象，实现新、旧的语言形式，区分某种新、旧的意义，理论应用等几个方面。

1. 话语新和话语旧

话语实体的信息状态，可以从话语的视角来定义：实体在话语上文提及的视为旧，而上文未提及的则视为新。(Allerton，1978；Dahl，1976；Firbas，1966；Gelukens，1991；Prince，1992；Yule，1981)此种意义上的新、旧是实体在话语层面上的状态，实体是新还是旧取决于其是否在上文提及过。判断实体的话语状态自然是一件直来直去的事情，在实证研究中便于操作。在英语中，实体的话语状态在语言形式上没有固定的体现方式，话语新、旧实体都可由有定和无定形式来表达。

研究实体话语状态的意义在于，语言中有些构式对实体的话语状态敏感，受话语新、旧的制约，话语新、旧能解释其他新、旧概念解释不了的语言现象。譬如，在英语中，重名词移位结构和双宾语结构的词序受话语新、旧信息的影响：在重名词移位结构的当名词传递新信息时，其后移；在双宾语结构中，直接宾语比间接宾语更新。(Arnold et al.，2000)主题化和焦点前置结构中，前置成分传递话语旧信息，但左移位结构的前置成分可以传递话语新信息；倒装结构和带 *by* 短语的被动结构中，前置成分在话语中相对旧，而后置成分在话语中相对新；呈现句的主语须传递话语新信息；右移位结构的后置成分传递话语旧信息。(Birner & Ward，1998)作主语的不定式和从句必须传递话语旧或可推知信息，如果传递话语新信息，那么它们必须外置到句尾，主语位置由代词 it 来填补，形成外位结构，外置的主语可能是话语旧、话语新或可推知。(Miller，2001)Chui(2005)发现，汉语及物句的施事主语和位于动词前的受事宾语倾向于传递旧信息，动词后的受事宾语比动词前的受事宾语传递新信息的概率高；动词前的不及物句主语倾向于传递旧信息，新实体出现在动词后的不及物句主语上的可能性更高；旧实体倾向于出现在动词前的句子成分上而新实体倾向于出现在动词后的句子成分上，或者说，话语新、旧实体的分布跟词序相关。

2. 听者新和听者旧

话语实体的信息状态，还可以从听者的视角来定义：言者假定听者已知的实体视为旧，而假定听者未知的实体则视为新。(Allerton，1978；Ariel，1990；Chafe，1994；Clark & Haviland，1977；Gundel et al.，1993；Lambrecht，1994；Prince，1992)此种意义上的新、旧是指言者对实体在听者大脑中的假定状态而不是指实体在听者大脑中的实际状态，言者的假设跟实体在听者大脑中的实际状态可能一致也可能不一致,实体是新还是旧取决于言者的假定。根据自己的假设,言者对实体进行包装。听者旧实体一般由有定形式来表达,而听者新实体一般由无定形式表达。但实体的听者状态和有定性之间的对应并不是完全对应:有定名词也可以表达听者新实体;而无定名词,如类指,也可以表达听者旧实体。(Prince,1992)

研究实体听者状态的意义在于,有些语言构式受听者新、旧的制约,对实体的听者状态敏感,听者新、旧能解释其他新、旧概念解释不了的语言现象。譬如,Birner & Ward(1998)发现,英语存在句的主语需要传递听者新信息。Loock(2007)发现,在主句和非限制性定语从句叙述两个连续事件的句子中,从句的先行项是听者旧或可推知实体。史成周(2015)发现,汉语句首、句中和句尾的论元跟其听者状态相关,句首、句中的论元倾向于由听者旧实体充当,听者新实体倾向于出现在句尾论元的位置上;篇首的话题主位虽然都是话语新但绝大多数是听者旧,即交际者倾向于以听者熟悉的事物作为语篇的起点;叙事性语篇的话题主位倾向于由听者旧实体充当,但空间描述性语篇的话题主位必须是听者旧,否则交际会失败。

判断实体在听者层面上是新还是旧,对话语分析者来说,是个巨大的挑战,因为分析者必须知道言者在发话时刻是如何假设的,而不能根据实体的指称形式来判断实体的听者层面上的状态,否则就不可避免地陷入一种不合逻辑、不科学的循环论证。解决这一难题的可行办法之一是,在控制条件下产出语料,话语分析者能判断实体的认知状态,知道哪些实体是首次导入话语但交际双方已共知,哪些实体是首次导入话语但不为听者所知,哪些实体是已经导入话语的等(Anderson et al.,1991;Brown,1980;Prideaux & Hogan,1993;Tomlin,1985;史成周,2015)。

3. 词项新和词项旧

词项新、旧指语言形式、词项本身的信息状态:上下文中的两个名词,后者跟前者字同而且义同,后者跟前者字不同但义同(即同义词),后者跟前者是上下义关系、整体/部分关系,后者视为词项旧;一个词如跟上文的词在词形、词义上毫不相关,视为词项新。(Baumann & Riester,2012;Baumann & Schumacher,2012;Riester & Baumann,2011)判断词语的信息状态是一件直来直去的事情,在实证研究中易操作。词项新、旧的体现形式是韵律特征。

研究词项新、旧的意义在于,词项新、旧影响信息包装方式,对韵律有影响。此概念能解释其他新、旧概念解释不了的语言现象,对口语中词的包装方式有很强的解释力。Baumann & Riester(2012)发现,话语中两个相同的名词指称不同的实体,后者虽然指称一个新实体但不重读,因为其是词项旧。Baumann & Riester (2013)发现,在阅读书面语时,指称新实体的新词项在韵律上最凸显,而指称旧实体的旧词项在韵律上最弱。

4. 实体新和实体旧

Gundel & Freitheim(2006)非常明确地区分了实体新、旧和关系新、旧。实体新、旧指实体的认知状态,上文分析的话语新、旧和听者新、旧都是指实体的新、旧。表示实体新、旧的概念有激活和识别度(Chafe, 1994; Lambrecht, 1994)、假定熟悉度(Prince, 1981,1992)、认知状态(Gundel et al., 1993)等。

5. 关系新和关系旧

关系新、旧(Gundel & Freitheim, 2006)就是通常所说的焦点、预设,指句子或者命题的信息状态。简单地讲,句子传递的信息可以包装成新和旧信息两大部分。新信息指句子中对一个明示的或隐含的问句的应答部分,可能是句子的任何一个成分,甚至是整个句子,而旧信息指答句的其余部分,也就是交际双方共知的信息。表示关系新、旧的概念有焦点、预设(Chomsky, 1971),述题、话题(Gundel, 1974),述位、主位(Vallduví, 1992),陈述、话题(Erteschik-Shir, 1997),焦点、话题(Gundel & Freitheim, 2006)等。很多研究以问答的方式来判断句子的新、旧部分。关系意义上的新、旧由声调、焦点词、词序等语言手段来体现。(Clark & Haviland, 1977;Halliday,2004)

区分关系新、旧的意义在于,句子信息包装也对这种意义上的新、旧敏感,关系新、旧能解释其他新、旧概念解释不了的语言现象。Quirk et al.(1985)认为,在英语句子中,关系新信息会由任何成分承载,从一个音节到整个句子都有可能,英语句子遵循着尾重和尾焦的信息组织原则,即从关系旧到关系新的原则。Halliday (1970)认为,在双宾和与格结构中,通常情况下,介词词组中的宾语传递新信息,而其他形式的间接宾语传递旧信息,介词则起到明示新信息的作用。在 Halliday (1970,1985)的框架下,Davidse(1996)研究发现,在双宾语结构中,绝大多数的间接宾语是旧的,绝大多数的直接宾语是新的;在与格结构中,大部分宾语是旧的,大部分介词宾语是新的。Bock(1977)研究了新、旧信息和句子结构(包括与格变换、主动句和被动句变换、状语前置和后置、小品词移位)之间的关系,发现在英语句子里面旧信息倾向于出现在新信息之前，而那些词序变但句意不变的成对结构就是用来实现这一趋势的。

6. 各种新、旧之间的关系

话语新、旧和听者新、旧都属于实体意义上的新、旧，研究的对象都是实体，但定义的视角不同，是两种不同意义上的新、旧。实体在话语层面上的状态可能不同于其在听者大脑中的（假设的）状态：听者已经知道的信息在话语中可能是新的，也可能是旧的；在话语层面上的新信息对听者来说可能是旧信息，也可能是新信息。根据 Prince(1992)，实体听者状态和话语状态在某种程度上是相互独立的，话语新实体表明不了它在听者层面上的信息状态，即表明不了话语新实体在听者层面上是新的还是旧的，听者旧实体也表明不了其话语状态，即表明不了它是话语新还是话语旧；而话语旧的实体应该是听者旧，听者新的实体理应是话语新。实体的听者状态和话语状态交叉，会出现四种可能性：听者旧但话语新（从听者的视角看，实体是旧的，但从话语的视角看，该实体是新的）、听者旧且话语旧（不管从听者的视角看还是从话语的视角看，实体都是旧的）、听者新且话语新（不管从听者的视角看还是从话语的视角看，实体都是新的）、听者新但话语旧（从听者的视角看，实体是新的，但从话语的视角看，该实体是旧的）。Prince(1992)认为，第四种情况不存在，因为实体既然是话语旧，听者应该记得，不是听者新。值得一提的是，Prince (1981,1992) 的信息理论局限于名词表征的话语实体的认知状态，很多研究 (Birner & Ward, 1998; Loock, 2007; Miller, 2001; Virtanen, 1992b; Zavala, 2001) 已把她的理论从名词扩展到动词、副词、形容词、介词短语和小句等。

实体新、旧和词项新、旧研究的对象不同，是两种不同意义上的新、旧。前者研究的对象是话语实体，而后者研究的对象是指称实体的语言形式。在话语中，同一个实体可用不同的形式来指称，同一个形式可以指称不同的实体。从话语实体的视角看，实体在话语中可能用零代词、代词或名词等形式来回指，甚至用描述性的、不同语义的名词来指称。譬如，话语旧实体“张三”可用名词“张三”、代词“他”或零代词来指称，也可能用“这只老狐狸”“这个老戏迷”或者“大嘴”等不同于“张三”的新名词来指称。“张三”跟这些新名词的共同点是，它们都回指上文已经导入话语的实体“张三”，都是表达旧的实体；不同点是，这些新名词传递了新的词汇信息，是词项新，而“张三”是词项旧。事实上，在新闻英语中，特别是报道影星、球星、歌星的娱乐性新闻中，用新的词语指称话语中已提及的实体的现象非常普遍，因为表达旧实体的新词语可以向读者传递更多关于该实体的信息。从语言形式的视角看，话语上下文中同样的语言形式，有时甚至连语义也相同，可能指称不同的实体。譬如，在话语“他买了一辆宝马，我也买了一辆（宝马）”中，两个“宝马”虽然词语相同但指称的实体不同；第二个“宝马”虽指称另外一个全新的实体但其语言形式是旧的，是词项旧，其在话语中弱读，甚至可以省略。（史成周，2013）显然，区分实体新、旧和词项新、旧是必要的。话语中实体的信息状态和其指称语的信息状态交叉，会有四种可能性：实体新且词项新（实体和表达该实体的词语都是新的）、实体新但词项旧（实体是新的，但表达该实体的词语是旧的）、实体旧且词项旧（实体和表达该实体的词语都是旧的）、实体旧但词项新（实体是旧的，但表达该实体的词语是新的）。

关系新、旧和实体新、旧研究的对象不同，是两种相互独立的、不同意义上的新、旧。前者研究的对象是句子（命题），后者研究的对象是话语实体。任何实体，不管是新的还是旧的，都可以出现在关系新信息部分。关系新、旧能解释为什么全部由旧实体（词语）组成的句子也可以传递新信息。正如句子的意义不是句子各个成分的意义之和，句子关系意义上的信息状态也不是句子各个成分的信息状态之和。

下面我们举例来说明以上几种不同意义上的新、旧信息。假如有这样一个交际情景：交际双方 A 和 B 都认识汤姆和比尔，都知道比尔的昵称是大嘴。A 知道，B 认识汤姆和比尔而且知道比尔的昵称是大嘴。B 也知道，A 认识汤姆和比尔而且知道比尔的昵称是大嘴。A 和 B 一见面这样交谈：

A：汤姆和比尔，谁写诗？

B：比尔写诗/大嘴写诗。

话语实体“比尔”，在 A 中，是话语新（实体在话语中首次导入）、听者旧（听者知晓此实体）；在 B 中，是话语旧（实体在上文已经导入）、听者旧（实体上文已导入，因此听者知道此实体）。词语“比尔”，在 A 中，是词项新（该名词在话语中首次导入）；在 B 中，是词项旧（该名词在上文已经导入）。话语实体“大嘴”，是话语旧（实体在上文已经导入，跟 A 中的“比尔”存在共指关系）、听者旧（实体上文已导入，因此听者知道此实体）。词语“大嘴”，是词项新（该名词在话语中首次导入）。句 B 包括两部分：“比尔（大嘴）”部分构成新信息、关系新、焦点，因为“比尔（大嘴）”回答了问题“谁写诗？”；“写诗”部分构成旧信息、关系旧、预设。句 B 关系意义上的新、旧不是句中“比尔”“写”“诗”的信息状态相加的和。值得一提的是，在英汉语中，像 B 中的

"大嘴",指称旧实体的新词项可以自由充当主语。

总之,信息理论定义的对象可能是实体、指称实体的词语或句子。定义新、旧的视角是话语层面的或听者层面的。语言学文献中所谓的新、旧实际上指不同意义上的新、旧,即话语新、旧,听者新、旧,关系新、旧,词项新、旧。不同意义上的新、旧由不同的语言手段来体现。每种新、旧都有其存在的意义,每个新、旧概念能解释其他新、旧概念解释不了的语言现象。

7. 信息度高和信息度低

话语实体可以用一个详细的、信息度高的形式,如名词,来指称;也可以用一个简单的、信息度低的形式,如代词甚至零代词,来指称。信息度高指传递很多的词汇信息,信息度低指传递很少的词汇信息。区分信息度高、低的意义在于,这两个概念能解释话语新、旧,听者新、旧,词项新、旧,关系新、旧等其他信息包装概念解释不了的语言现象。譬如,Fox(1987)发现,在英语说明文中,名词倾向于出现在语篇单位的起点处回指话语中已经导入的实体,而语篇内部倾向于由代词指称旧实体。根据 Ji(2007),叙事性语篇中,片段起点的语言结构,即段首句的主语和位于主语之前的状语,比次片段起点的语言结构使用更多的词汇来表达。

8. 本书框架

绪论简明扼要地介绍了几个信息结构理论概念。第一章探析话语新和话语旧,述评话语新、旧信息理论及其应用,以英、汉两个语篇为例分析话语新、旧及其在语篇中的分布并探索英、汉两种语言中信息包装的异同点。第二章探析听者新和听者旧,述评听者新、旧信息理论及其应用,为了便于区分不同意义上的新、旧概念,仍以第一章的英、汉两个语篇为例分析听者新、旧及其在语篇中的分布。第三章探析词项新和词项旧,述评词项新、旧信息理论及其应用,以英、汉两个语篇为例分析词项新、旧及其在语篇中的分布。第四章探析关系新和关系旧,述评关系新、旧信息理论及其应用,以英、汉两个语篇为例分析关系新、旧及其在语篇中的分布。第五章探析信息度高和信息度低,述评信息度高、低信息理论及其应用,以英、汉两个语篇为例分析信息度高、低及其在语篇中的分布。第六章研究了分裂句与标记主位分裂句信息状态。

第一章　话语新和话语旧

话语实体的信息状态，或者说认知状态，可以从话语的视角来定义：实体在话语上文提及的视为旧，而上文未提及的则视为新。此种意义上的新、旧是实体在话语层面上的状态，实体是新还是旧取决于其是否在上文提及。实体在上文要么提及过，要么没提及。因此，判断实体的话语状态自然是一件直来直去的事情。区分实体话语状态的意义在于，语言中有些构式对实体的话语状态敏感，受话语新、旧的制约。

第一节　话语新和话语旧定义

很多学者(Allerton，1978；Dahl，1976；Firbas，1966；Gelukens，1991；Prince，1992；Yule，1981)明确提出从话语的视角定义实体的认知状态，但他们的观点在新、旧定义及分类等方面存在一些差异。鉴于很多信息结构理论并不是纯粹从某一个视角定义新、旧，而是把多个视角混淆在了一起，甚至定义的对象也不是单一的，我们会尽力分析清楚这些理论，这些理论也可能出现在不同的章节中。

1. Firbas

Firbas(1966，245-246)较早明确地论述实体的话语状态。他意识到了话语实体的熟知度(familiarity)或认知状态在话语层面和听者层面上的不同。

不定冠词表示不确指时，名词表达的概念(notion)是新信息(new information)、语境独立的(contextually independent)、新的(new)、未知的(unknown)。表类指的不定冠词表示的概念也是语境独立的。

带定冠词的名词表达的概念是已知信息（known information）、确定的（determined）、熟知的（familiar）。但是带定冠词的名词表达的概念的熟知度并不相同，主要分两种：一种是，从交际双方共有知识的视角看，概念可能是已知的、确定的或者说熟知的，但在语境的层面上，它可能是未知的、新的或者说语境独立的；另一种是，带定冠词的名词表达的概念既为交际双方共知又是在语境里，这才是全部意义上的熟知的、语境依赖的（contextually dependent），这种情况下的定冠词表回指。[①]

显然，Firbas 所界定的语境独立和语境依赖分别对应 Prince（1992）的话语新和话语旧；带非类指不定冠词的名词、带定冠词但语境独立的名词、带定冠词但语境依赖的名词分别对应 Prince 所界定的话语新而且听者新、听者旧但话语新、听者旧而且话语旧（见下文和第二章）。另一点也很明显，Firbas 是根据形式判断实体的认知状态。事实上，形式和认知状态并不是一一对应的。

2. Prince

从话语的视角定义实体新、旧的信息理论中，影响力最大的是 Prince（1992）。她非常明确地从话语的视角定义话语实体（entity/referent）的新、旧：话语上文提及的实体视为话语旧（discourse-old），上文未提及的实体视为话语新（discourse-new）。

(1) I'm waiting for it to be noon so I can call Sandy Thompson.

(2) I'm waiting for it to be noon so I can call someone in California.

(3) A：I'm waiting for it to be noon so I can call Sandy Thompson.

B：Why are you trying to get in touch with Sandy Thompson?

(p. 301)

在例(1)和例(2)两个篇首句中，实体 Sandy Thompson 和 someone in California 都是首次提及，都是话语新。在例(3B)中，Sandy Thompson 是话语旧，因为在上文例(3A)中已经提及。

在英语中，实体的话语状态在形式上没有固定的体现方式，也就是说，不能根据形式判断实体在话语中是否已经提及。实体话语状态在形式上没有标志这一趋势也有例外，就是代词。代词表示的实体是凸显的（salient），一般已经在话语上文中导入，是话语旧，但话语旧实体不一定非得用代词来指称（p. 304）。譬如，在例(3A)和例(3B)中，名字是 Sandy Thompson 的这个话语实体分别是话语新和话语旧,但都可以用名词 Sandy Thompson 这个形式来指称。

根据 Prince,可推知实体指上文未提及,在听者大脑中也没有表征,但听者可根据触发实体(trigger)推知的实体。她认为可推知实体导入语篇至少要满足两个条件:其一,上文有充当触发语的实体,其不能是听者新实体;其二,听者能根据充当触发语的实体推知相关实体。话语旧实体和可推知实体都可以用带定冠词的名词来指称,如例(4)和例(5)。

(4) He passed by the door of the Bastille and the door was painted purple.

(5) He passed by the Bastille and the door was painted purple.

(p. 305)

在例(4)中,第二个 the door 指称的实体在上文已经提及,是话语旧。在例(5)中,the door 在上文没有提及,不是话语旧,是可推知实体,即 the Bastille 有门,the door 指的是 the Bastille 的门,听者被假定能推知这扇门。

问题是,可推知实体应自成一类,还是应归划为话语新或者话语旧实体?可推知实体在 Prince(1992)中没有明确的归类,后来被视为话语新(Prince, 1998, 285),在 Prince & Walker(1996, 294)、Birner(1994, 251)和 Birner & Ward(1998, 178)中被视为听者旧。我们认为,既然可推知实体在话语的上文中没有明确提及而又假定听者能推知,将可推知实体视为话语新但听者旧在理论上较合理。

3. Yule

Yule(1981)区分了新(new)和旧(non-new)实体,前者指首次导入话语的实体,后者指已经导入话语的实体。旧实体则被进一步分为当前旧(current non-new)和置换旧(displaced non-new)两类实体,当前旧指刚刚在上文导入的实体,当有新的实体导入话语后,其变成置换旧实体。

Yule 发现,当前旧和置换旧实体在包装方式上既有相似点也有不同点。相似的地方是,两类实体都会用“定冠词 the+名词”的形式来体现;不同的地方是,指称置换旧实体的表达里面会有形容词,如 the black square 或 the diagonal line,而指称当前旧实体的表达形式会更简略,如 it 或零代词。这表明,把旧实体视为一类或一个范畴而不是进一步细分是不严谨的。

4. Allerton

Allerton(1978)区分了多种意义上的新、旧,但对不同新、旧的定义不是很明确,难以确定到底是哪种意义上的新、旧。他区分的不同意义上的新、旧有以下几种情况。

Allerton 对旧信息(given)和预设(presupposed)作了区分:旧信息用来分析句子中的个体,如名词,而预设用来分析完整和不完整的命题,命题涉及真假[②],如例(6)和例(7)。一个句子里面的成分可以都是新的,构成全新句(all-new sentence),如例(8),也可以全都是旧的,如例(9)。一般疑问句没有预设什么命题,其成分可以是新的也可以是旧的。特殊疑问句预设命题,其成分可以是新的也可以是旧的,询问某个方面,涉及主语、动词或者状语等。

(6) When did a polar bear last kiss a crocodile?

(7) Did he speak to her there at that time?

(p. 136)

(8) [Heard the news?

What?]

\Montgomery's (\) dead.

(9) [John likes Mary's husband a lot.]

He likes her too.

(p. 137)

在例(6)中,没有哪个词组是旧的,但命题 a polar bear did once kiss a crocodile 是预设的。在例(7)中,大部分词组是旧的,但没有预设的命题。在例(8)中,Montgomery 和 dead 都是新的,而例(9)中的 he,like,her 都在上文提及,都是旧的。

Allerton 区分了情景旧(situation-givenness)和话语旧(linguistic/textual givenness)两类旧信息。情景旧的实体指那些能直接看到的、跟能直接看到的物体密切相关的实体,如例(10)。判断话语旧是直来直去的事情,一个实体(item)在上文提及后,再次提及可用简略形式。实体可以通过直接的形式(explicit mention),如无定名词,导入话语,在下文中就可以用简略的形式来指称;也可以通过间接形式(implicit mention),即跟上文某个表达相关的词汇,导入话语,但不能用简略形式,如例(11)。

(10) The \chair's broken.

(p. 138)

(11) [I was driving along the motorway.]
Suddenly the car went out of control.

(p. 140)

在例(10)中,the chair 指交际情景中的或发话人经常用的那把椅子等。在例(11)中,the car 不能替换成代词形式。这种有定形式不承载调核(intonation nucleus),甚至不承载音高凸显(pitch prominence)。

间接形式和它的先行项之间的词汇关系(lexical relationship)影响到间接形式是否承载调核。间接形式如果跟其先行项是同义、上下义或整体/部分关系,不重读,分别如例(12)、例(13)、例(14)。但是,二者之间的关系如果反过来,间接形式则重读,如例(15)和例(16),这可能是因为下义词预示上义词,部分预示整体,换句话说,下义词和表示"部分"的词汇传递额外的信息。这些额外信息需要一定程度的强调。(pp. 139-142)

(12) [I've left my spectacles at home.]
Why don't you buy a \second pair of glasses.

(13) [D'you drink whisky?]
I'm afraid I don't \touch spirits (at \all).

(14) [John's got a sore knee]
He'll have to \rest his leg com\pletely.

(15) [D'you drink whisky?]
I'm afraid I don't like \Bourbon/ ᵛBourbon.

(16) [John's got trouble with his car.]
What sort of \handbrake has he got?

(p. 141)

实体直接还是间接导入话语、导入时间的长短和提及的频率都会影响实体在形态句法和语音上的包装方式。Allerton 所界定的话语旧对应 Halliday & Hasan (1976, 33)的内照应(endophoric),但其范围很明显比 Prince(1992)的话语旧更广。他所说的话语旧涉及两种旧:词汇旧(proform-givenness 或 lexical givenness)

和有定旧(definite-givenness)。词汇旧是指名词词组中的中心词(head noun)省略产生的代词形式,如 it,one,以及带有形容词的 one 等。听者的任务是从上文中或情境中找到这个中心词,是识别语言形式。在例(17)中,如没有上文,one 就需要到交际情景中找它所替代的名词。有定旧是识别名词表达的话语实体。譬如,在 the match, the local match, the local one, it 这些有定名词中,听者要识别的是它们表达的话语实体而不管它们的形式。实体有定性的标记有定冠词、指示词、所有格形式以及代词形式。但不是所有的代词都表示有定,代词的先行项,即名词,表示定指(specific),而不是类指(generic)时,代词表示有定。

(17) That's a nice one!

(p. 144)

Allerton 所定义的词汇旧和有定旧大体上对应 Halliday & Hasan(1976)的替代(substitution)和指称(reference)。这两种旧信息都受语言的或情境的制约。词汇旧、有定旧和是否承载调核共同作用,可表示不同程度的旧,如例(18)。

(18) a. ˅Luckily, I was offered ˋhelp | by a ˎpoliceman.
b. ˅Luckily, I was offered ˋhelp | by the ˎpoliceman.
c. ˅Luckily, I was offered ˋhelp by the ˏpoliceman.
d. ˅Luckily, I was offered ˋhelp by the policeman.
e. ˅Luckily, I was offered ˋhelp by him. [or: ˅Luckily, he offered me help.]

(p. 145)

在例(18a)中,by a policeman 构成一个独立的声调群(tone group),用不定冠词 a,使用降调,传达一种新信息。在例(18b)~(18d)中,名词 the policeman 是有定的,都表示是旧的,但这三句中的 policeman 具有不同程度的旧。在例(18b)中,by the policeman 构成一个独立的声调群,使用降调,表示言者从较遥远的过去回忆,估计听者知道曾经有个警察帮过我,但需要想一想才能记起来。在例(18c)中,by the policeman用升调,言者估计听者不费劲就能记起那个警察,因为不久前刚提及。在例(18d)中,the policeman 不承载调核,或许就在前一句话中刚刚提及。在例(18e)中,不用名词 the policeman 而是用代词 him 指称相关实体,听者也知道是哪个实体。例(18b)和例(18c)分别对应 Dahl(1976)所谓的"离台"(off-stage)和"在台"

(on-stage)，用 Chafe(1974)的术语说，就是“是否在意识(consciousness)中”。

要指称一个特定的人、物或地方可以用名词的有定或无定形式。未知的(unknown)(＝无定的)表示言者认为听者不知道指称哪个实体，名词是完全意义上的新。已知的(known)(＝有定的)表示言者认为听者知道指称哪个具体的实体，有定的实体具有不同的可及度，分为离台和在台两类。离台也可称为“半新”(semi-new)，听者须追溯到很久以前的时候才记起来。在台表示，实体存在于听者的中期记忆库中，在近期提及过，可以分为半旧(semi-given)和旧(given)两类。前者在不久前提及，后者刚刚提及。[3]以上分类可用图 1 表示。

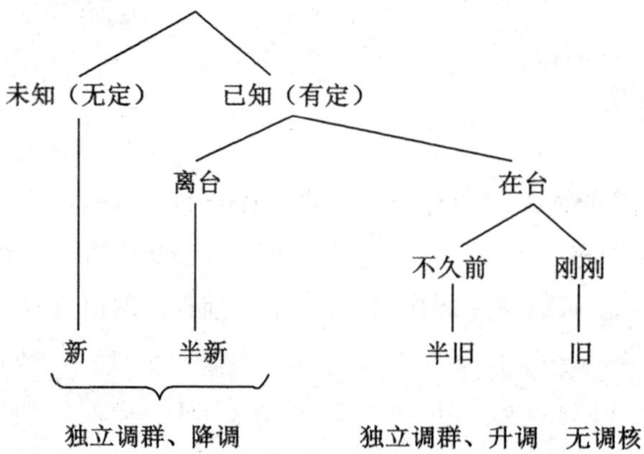

图 1　实体信息状态分类

Allerton 认为，新闻值(news value 或 newsworthiness)是决定调核位置的因素。在非标记句子中，调核落在最后的实义词上。在 SV 结构的不及物句中，动词承载调核。在 SVO 结构中，宾语承载调核。如果动词很容易预测(highly predictable)，动词表示出现或消失，或者动词表示损坏等，调核会落在主语上。

(19) [Have you heard the latest news?]
John's going out with Mary.

(p. 145)

在例(19)中，John，out 和 Mary 都有可能承载调核。如果大家都知道有很多人跟 Mary 约会，那么 John 跟 Mary 和 out 相比就具有最大的新闻值，或不可预测性，所以承载调核。如果 John 非常害羞，一直爱慕 Mary 但从未向她表白过，那么(going) out 在句中就是新的、不可预测的成分了，就承担调核。如果 John 经常更换约会对象，那么 Mary 就承载调核。

Allerton 所定义的各种旧(givenness)以及它们的实现形式可总结如下：

各种旧	实现形式
a. 成分旧(constituent-/syntactic givenness)	句法手段
词汇旧(proform-/lexical givenness)	代词化
有定旧(definite-givenness)	有定
b. 新闻价值旧(news value-/intonational givenness)	语音手段：调核

第二节　应　用

在已有的信息理论中，实体的话语状态一般分为新和旧两大类。定义和判断实体的话语状态直来直去而且比较客观，实证研究中便于操作。

1. 双宾语结构

在 Prince(1992)的理论框架下，Arnold et al. (2000)从信息包装的视角分析了英语中重名词移位(heavy NP shift)结构，如例(20)，和双宾语结构，如例(21)。在例(20a)中，重名词 the wine we had ordered 出现在 to the table 前面，而在例(20b)中二者位置颠倒。在例(21a)中，a bowl of Mom's traditional cranberry sauce 出现在 to Terry 前面，而在例(21b)中，二者位置颠倒。

(20) a. The waiter brought the wine we had ordered to the table.

b. The waiter brought to the table the wine we had ordered.

(21) a. Chris gave a bowl of Mom's traditional cranberry sauce to Terry.

b. Chris gave Terry a bowl of Mom's traditional cranberry sauce.

(p. 28)

Arnold 等人的研究发现，话语新、旧信息跟上述两种结构的词序变化显著性相关，或者说话语新、旧信息对词序有影响。在重名词移位结构中，当名词传递新信息时，其后移。在双宾语结构中，直接宾语比间接宾语更新。在两种结构中，相对新的信息倾向于出现在句子后面，即都遵循从旧到新的趋势。

2. 标记结构

Birner & Ward(1998)发现,英语中的标记结构主题化(topicalization)构式中的前置成分,包括名词词组、介词词组、动词词组和形容词词组,传递话语旧信息(p. 256),分别如例(22)~(25)。

(22) Colonel Bykov had delivered to Chambers in Washington six Bokhara rugs which he directed Chambers to present as gifts from him and the Soviet Government to the members of the ring who had been most co-operative. *One of these rugs Chambers delivered to Harry Dexter White.*

(23) To back up Wattenberg's contention that American women are getting what they wanted—with or without the ERA, there are statistics offered, statistics about how many married women are now in the labor force, statistics about the number of women in "good" jobs. "With better jobs and more education," he writes, "women are also moving forward on the dollar front." *For that last bold assertion there are no statistics.*

(24) And the end of the term I took my first schools; it was necessary to pass, if I was to stay at Oxford, and *pass I did*, after a week in which I forbade Sebastian my rooms and sat up to a late hour, with iced black coffee and charcoal biscuits, cramming myself with the neglected texts.

(25) The plan is to purchase the quaint fishing village of Ferness and replace it with a giant new refinery. The villagers—who've been farming, fishing, raising families and pub crawling in splendid isolation for generations—offer amazingly little resistance. *Humble they may be. But daft they ain't.*

(pp. 45-46)

在例(22)~(25)中,前置的成分分别是名词词组 One of these rugs、介词词组 For that last bold assertion、动词 pass、形容词 Humble 和 daft。这些前置成分传递话语旧信息。

他们还发现,英语中的焦点前置(focus preposing)结构的前置成分同样传递话语旧信息。(p. 256)譬如,在例(26)中,A couple of pounds 传递话语旧信息。

(26) I made a lot of sweetbreads. *A couple of pounds I think I made for her.*

(p. 84)

在主题化和焦点前置结构中，前置成分起到连接上下文的作用。前置成分有的不一定在上文有明确的表达，但可从上文推知。

左移位结构(left-dislocation)在句法上和功能上都不同于上述两种结构，可以传递话语新信息。(p. 95)在例(27)中，话语实体 The landlady 在上文未提及，是话语新，发生左移位，而原先的空位由代词 she 填补。

(27) My sister got stabbed. She died. Two of my sisters were living together on 18th street. They had gone to bed, and this man, their girlfriend's husband, came in. He started fussing with my sister and she started to scream. *The landlady, she went up and he laid her out.*

(p. 94)

倒装结构(不包括那些助动词提前、引语等结构)和带 *by* 短语的被动结构中，逻辑主语出现在动词后面，前置和后置成分对话语状态敏感，前置成分在话语中相对熟悉(relatively familiar)(p. 256)，而后置成分在话语中相对陌生(relatively unfamiliar)(p. 257)。例如：

(28) Loud-speakers had been erected along the garden; *through them emerged the bland informal voice of Commander Stephen King Hall describing the scene as he saw it from St. Paul's Cathedral.*

(p. 159)

(29) The mayor's present term of office expires Jan. 1. *He will be succeeded by Ivan Allen Jr....*

(p. 194)

在例(28)中，介词短语 through them 前置，them 回指上文的 Loud-speakers，是话语旧，而主语 the bland informal voice of Commander Stephen King Hall describing the scene as he saw it from St. Paul's Cathedral 是话语新，后置到动词 emerged后面。在例(29)中，主动句 Ivan Allen Jr. will succeed him 变成被动句 He will be succeeded by Ivan Allen Jr. 后，Ivan Allen Jr. 和 him 分别后置、前置。被动句中的 He 回指 The major，是话语旧，而 Ivan Allen Jr. 是话语新。

呈现句(presentational *there*-sentence)中,动词后面的名词对话语状态敏感,须传递话语新信息(p. 257),如例(30)。如果动词后面的名词是话语旧,使用呈现句就不恰当,而使用正常词序是完全可接受的,如例(31)。

(30) Not far from Avenue de Villiers there lived a foreign doctor, a specialist, I understood, in midwifery and gynecology.

(p. 98)

(31) a. For a brief moment we could see among the trees a man and a woman picking flowers. # *Suddenly there ran out of the woods the man we had seen.*

b. The man we had seen suddenly ran out of the woods.

(p. 109)

在呈现句例(30)中,动词 lived 后面的名词 a foreign doctor, a specialist in midwifery and gynecology 是话语新。在例(31a)中,动词 ran 后面的名词 the man we had seen 在上文中提及,是话语旧信息,该句不恰当,而例(31b)才是恰当的表达。

跟呈现句不同,右移位结构(right-dislocation)的后置成分传递话语旧信息。(p. 257)譬如,在例(32)中,名词 those popes 位于句末,回指前面的 they,是话语旧。

(32) Below the waterfall (and this was the most astonishing sight of all), a whole mass of enormous glass pipes were dangling down into the river from somewhere high up in the ceiling! *They really were ENORMOUS, those popes.*

(p. 145)

3. 外位结构

至于英语中的外位(extraposition)结构,Miller(2001)发现,充当主语的 that 从句和不定式是否移位到句尾受它们认知状态的制约。具体来说,处在主语位置的不定式和从句必须传递话语旧或可推知信息;如果传递话语新信息,那么它们必须外置到句尾,主语位置由代词 it 来填补;外置的主语可能是话语旧、话语新或可推知;是否外置不是只取决于它们的重量(syntactic complexity/weight);话语旧或可推知的 that 从句和不定式是否外置受谓语部分话语状态的影响,取决于是主语还是谓语跟下文有关联。

(33) a. [$_s$ *That a bloodthirsty, cruel capitalist should be such a graceful fellow*] was a shock to me.

b. It was a shock to me [$_s$ *that a bloodthirsty, cruel capitalist should be such a graceful fellow*].

(34) a. Yet [$_{vp}$ *to determine precisely to what extent and exactly in what ways any individual showed the effects of Christmas*] would be impossible.

b. Yet it would be impossible [$_{vp}$ *to determine precisely to what extent and exactly in what ways any individual showed the effects of Christmas*].

(pp. 683-684)

在例(33a)中,充当主语的是一个 that 从句 That a bloodthirsty, cruel capitalist should be such a graceful fellow,处在正常的主语位置;在例(33b)中,that 从句外移到句子末尾,原先位置由 it 填补。在例(34a)中,充当主语的是不定式 to determine precisely to what extent and exactly in what ways any individual showed the effects of Christmas,处在正常的主语位置,而在例(34b)中,其外移到句末。

4. 芬兰语词序

芬兰语词序变化多样。譬如,及物句的主语、谓语动词和宾语可能出现各种顺序。但词序的变化不是随机的而是受语用条件的制约,旧信息倾向于出现在新信息之前。Kaiser(2006)发现,芬兰语词序,如 SVO 和 OVS,的变化不是跟主语、宾语的听者状态有关,而是跟话语状态相关。标记结构 OVS 中的宾语是话语旧而主语是话语新;非标记结构 SVO 中的主语和宾语都是旧的,或者主语旧但宾语新。是实体的话语状态而不是听者状态影响词序,譬如人名,如果上文未提及,也视为新信息,既使交际双方都知道该实体,如例(35)。

(35) Kultaa voitti Samppa Lajunen.

'Gold was won by Samppa Lajunen'

The Winner was Samppa Lajunen.

(p. 317)

5. 汉语词序

Chui(2005, 39-40)认为实体的信息状态须在话语层面上判断,把实体分为新

(new)和旧(given)两类:说话时刻上文从未提及过的实体视为新而上文已经提及过的实体视为旧。很显然,她所定义的新和旧分别是话语新和话语旧。

Chui 对汉语及物句的施事主语和受事宾语以及不及物句的主语的信息状态作了研究,发现及物句的施事主语倾向于传递旧信息,跟施事主语相似,位于动词前的受事宾语,如例(36)中的"她写的字",倾向于传递旧信息,但动词后的受事宾语,如例(37)中的"那个插头",比动词前的受事宾语传递新信息的概率高;动词前的不及物句主语,如例(38)中的"这种 style",倾向于传递旧信息,而新实体出现在动词后的不及物句主语上的可能性更高,如例(39)中的"一个小男孩";旧实体倾向于充当动词前的句子成分,包括施事主语、受事宾语和不及物句的主语,而新实体倾向于出现在动词后的句子成分上,包括受事宾语和不及物句的主语,或者说,新、旧实体的分布跟词序相关,词序受语话新、旧的制约。

(36) H:... 她写的字

.. 你看了

.. 都会吐血的

(p. 48)

(37) H:... 你可以拔那个插头

.. 然后你电到了

(p. 50)

(38) H:(0)你你这种 style

..实在非常不好啊

(p. 53)

(39) F:...(1.1)后来

..(1.)又来了一个小男孩

..骑着脚踏车

(p. 55)

总之,Arnold et al.(2000)、Birner & Ward(1998)、Chui(2005)和 Miller(2001)等众多实证研究表明,有的语言构式受实体话语状态的制约,即有的句子成分受话语旧信息制约,有的受话语新信息制约。这些实证研究也表明了区分实体话语状态的理论意义。

第三节　实例分析

1. 英语语篇

该部分以一篇英文语篇为例分析话语实体的话语状态，然后分析主语和宾语等句子主要成分的话语状态。鉴于该书的目的是厘清不同意义上的新、旧信息，因此语篇中的实体只笼统地分为话语新和话语旧两大类，话语旧实体不再进一步区分当前旧或置换旧实体。主要的话语实体的话语状态在文中作了标注。为了便于分析，语篇每个段落前都加注了字母。

(40) **Back to the LA routine! David Beckham(话语新) shows off his tattoos in a black T-shirt as he(话语旧) grabs a smoothie after a SoulCycle class**

a. He's(话语旧) been back in the UK for a number of months, but David Beckham(话语旧) slipped back into the LA lifestyle pretty easily upon his return to Tinseltown.

b. The ex-footballer(话语旧) was spotted after a SoulCycle class, looking buff and showing off his tattoos in a black T-shirt, shorts and snapback.

c. Following the workout, David(话语旧), 39, headed to Juice Crafters, where he(话语旧) grabbed a smoothie and chatted with a few friends on Thursday.

d. David(话语旧) was joined by his family on Thursday where they were seen arriving at Los Angeles International Airport.

e. Harper(话语新) was carried by her eldest brother Brooklyn(话语新) who was clearly thrilled to be looking after her.

f. The three-year-old(话语旧) cut a bright figure against the darkened airport as she(话语旧) smiled for onlookers while wearing a vibrant yellow dress.

g. The 16-year-old(话语旧) protectively held his little sister(话语旧) tightly as he(话语旧) carried her(话语旧) through the terminal, making sure she(话语旧) was safe and sound after their long-haul flight.

h. And it's clear Harper(话语旧) got her knack for style from her super-chic mother Victoria(话语新), who followed behind her children looking as sartorially flawless as ever.

i. The 40-year-old singer-turned-fashion designer（话语旧）showed off her effortless elegance as she（话语旧）arrived at LAX with Harper, Brooklyn and her middle children Cruz and Romeo.

j. Displaying her lean figure, the wife of football star David Beckham（话语旧）sported a sleeveless draping black blouse which she tucked into a pair of designer skinny jeans.

k. The former Spice Girl（话语旧）, who is rarely spotted in flats, added some height with a pair of black ankle boots.

l. Victoria（话语旧）completed her look by layering on a long black vest jacket which was detailed with white buttons and matching stitching.

m. The eclectic outerwear was also collared and fringed on one side on the front.

n. The brunette beauty（话语旧）appeared glam up with her hair styled straight, as her eyes were concealed with oversized black sunglasses.

o. Victoria（话语旧）wore minimal accessories, dashing on a couple metallic necklace while carrying a subtle orange clutch.

p. The only thing that didn't appear up to par was her lipstick, which seemed to be slightly rubbed off.

q. However the mother-of-four（话语旧）still appeared every inch the fashion icon as she（话语旧）strolled through the airport with her children.

r. The British bombshell（话语旧）recently returned from a work trip to Beijing, where she（话语旧）was on an Asian fashion tour for her self-named collection.

s. David（话语旧）had been in Miami, Florida on Tuesday.

t. Plans to develop an ambitious new MLS franchise are firmly in place, and David（话语旧）was on hand to discuss the mooted project with representatives in the US.

u. The former Manchester United and Real Madrid midfielder（话语旧）exited the offices of American delivery giant DHL with football agent and his best pal Dave Gardner, less than a day after flying into the coastal city from London.

v. David（话语旧）is looking to develop a new soccer team and a new stadium, close to the sweeping Miami coastline.

w. The ex-England captain（话语旧）revealed plans to launch a new $25 million MLS franchise after exercising an option tied into the lucrative contract he（话语旧）signed after making a potentially risky move from Madrid to Los Angeles Galaxy in 2007.

x. But the development of a new stadium has hit a snag, with an adequate location yet to be approved; team management, name and kit colours have also yet to be finalized by Beckham(话语旧) and his fellow investors. ①

(1)实体话语状态

在例(40)中,David Beckham、Harper、Brooklyn 和 Victoria 等话语实体的信息状态分析如下:话语实体 David Beckham 在标题 Back to the LA routine! David Beckham shows off his tattoos in a black T-shirt as he grabs a smoothie after a SoulCycle class 中首次提及,因此视为话语新。该实体在下面的段落中再提及都视为话语旧:(40a)He... David Beckham、(40b)The ex-footballer、(40c)David... he、(40d)David、(40s)David、(40t)David、(40u)The former Manchester United and Real Madrid midfielder、(40v)David、(40w)The ex-England captain 和(40x) Beckham。该实体再次提及时,很多情况下不用代词而是用描述性名词,如 The ex-footballer、The former Manchester United and Real Madrid midfielder、The ex-England captain,但该实体仍视为话语旧。

话语实体 Harper 在段落(40e)中首次提及,视为话语新。在下文段落(40f)中用描述性名词 The three-year-old 再次提及,在段落(40h)中用 Harper 再次提及,该实体仍视为话语旧。

话语实体 Brooklyn 在段落(40e)中首次提及,是话语新。在段落(40g)中用描述性名词 The 16-year-old 和代词 he 再次提及,该实体仍视为话语旧。

话语实体 Victoria 在段落(40h)中用名词 Victoria 首次提及,是话语新。该实体在下面的段落中用名词或代词再次提及:(40i)The 40-year-old singer-turned-fashion designer、(40g)the wife of football star David Beckham... she、(40k)The former Spice Girl、(40l)Victoria、(40n)The brunette beauty、(40o)Victoria、(40q) the mother-of-four... she 和(40r)The British bombshell... she,其视为话语旧,尽管再次提及时很多情况下不用代词而是描述性名词来指称。

在段落(40l)中,a long black vest jacket 首次提及,是话语新。在(40m)中用名词 The eclectic outerwear 提及,其仍然是话语旧。

值得注意的是,指称话语旧实体的名词不一定非得跟上文的表达完全一致,有些实体甚至不是通过名词导入话语,而是通过句子或不定式等形式导入话语。譬如,在段落(40x)中,名词 the development of a new stadium 表征的实体,是通过上文段落(40v)中的动词不定式 to develop a new soccer team and a new stadium 导入语篇的,是话语旧。

(2)句子成分话语状态

从句子成分的视角看,在例(40)中,及物和不及物句的主语、宾语等句子成分的信息状态如下:在 40 个主语中,话语新主语有 5(13%)个,话语旧主语有 35(87%)个;在 12 个宾语中,话语新宾语有 10(83%)个,话语旧宾语有 2(17%)个。很明显,主语倾向于由话语旧实体来充当,而宾语倾向于由话语新实体来充当。这并不意味着主语必须是话语旧,也不意味着宾语必须是话语新。在例(40)中,含话语新主语和(或)话语旧宾语的句子都是正确的、恰当的。例如:

(41) Harper was carried by her eldest brother Brooklyn who was clearly thrilled to be looking after her.

(42) ... her eyes were concealed with oversized black sunglasses.

(43) The 16-year-old protectively held his little sister tightly as he carried her through the terminal...

在例(41)和例(42)中,主语分别是 Harper 和 her eyes,都是话语新。在例(43)中,主句的宾语 his little sister 和从句的宾语 her 都是话语旧。

在英语句子中,主语一般在前,宾语在后。理论上讲,及物句主语和宾语的信息状态模式有四种可能性。

主语 + 宾语

a. 旧 + 新

b. 旧 + 旧

c. 新 + 新

d. 新 + 旧

对例(40)中的句子的分析表明,及物句主要的包装模式是:旧主语+新宾语(83%或 10/12)。从主语和宾语的话语状态的视角看,英语句子体现了从旧到新的趋势。

(3)新、旧实体的分布

从话语实体的视角看,话语旧和话语新实体的分布如下:在 37 个话语旧实体中，35(95%)个出现在主语位置，2(5%)个出现在宾语位置；在15个话语新实体中，10(67%)个出现在宾语位置，5(33%)个出现在主语位置。很明显，话语旧实体倾向于出现在主语位置而不是宾语位置；话语新实体倾向于出现在宾语位置而不是主语位置。

(4)论元分布

数据显示，及物句的施事倾向于由话语旧(80%或12/15)实体充当，而不是话语新(20%或3/15)实体。施事由话语新实体充当的频率低，并不能说明施事不能由话语新实体充当，只是频率低而已。受事倾向于由话语新(61%或11/18)实体充当，而不是话语旧(39%或7/18)实体。尽管少数受事是话语旧，但这并不说明受事不能由话语旧实体充当。

从话语实体的视角看，新、旧实体是如何分布的？新实体如何通过论元导入话语？话语新实体可以出现在及物句的施事(18%或3/16)、受事(69%或11/16)和不及物句的主语(13%或2/16)位置上，但倾向于出现在受事位置上，对及物句施事和不及物句主语没有倾向性。

需要强调的是，上述关于句子成分的信息状态以及话语新、旧实体去向的统计数据跟语料相关，数据体现出来的只是一个趋势，不是语法规则，趋势也需要在更大的语料里面检验。

2. 汉语语篇

为了揭示不同语言中信息包装的异同点，下面以一篇中文语篇为例分析话语实体的话语状态以及新、旧实体在语篇中的分布特点。同样，为了便于分析，该文每个段落前加注了字母。

(44)　　**黄渤(话语新) 成功来自"软坚持"**

a. 5月的电影档，黄渤(话语旧)除了在宁浩的《黄金大劫案》中客串了一个角色，还在管虎导演的《杀生》中担任主演，一如既往地扮演小人物。黄渤(话语旧)以《疯狂的石头》中的"黑皮"走红，一直走得就是小人物路线，不过，小人物也有大作为，2009年，黄渤(话语旧)正是凭着在电影《斗牛》中饰演的一个小人物而获得台湾金马奖最佳男主角奖，小人物黄渤(话语旧)一跃而成影帝。

b. 黄渤(话语旧)的经历足以说明,演技不是从学校学来的,而是从生活中磨砺出来的。

c. 这位金马影帝(话语旧)的履历上,有长长的一串经历:当过7年职业歌手,同时兼过8年编舞和舞蹈教练,组过乐队,办过工厂制过鞋,开过玩具店,做过两年配音演员……看到如此丰富多彩的履历,连他(话语旧)自己也乐了:"这个人(话语旧)怎么这么不靠谱啊!"

d. 说到"不靠谱",他(话语旧)小时候就已初现端倪。黄渤(话语旧)的父母都在政府机关单位工作,姐姐生意做得很成功,父母希望他(话语旧)能够进清华或北大,但他(话语旧)"上学不能说差,是相当差",与父母的期待相去甚远。母亲常常白天在单位训完人,下午就到老师办公室里低着头挨训。

e. 学生时代,难得几次受到表扬,大多与他会唱歌、跳舞有关。黄渤(话语旧)喜欢唱歌,多年后他(话语旧)笑说自己当时"青春萌动,对自己的认识不是太清楚",走的是又唱又跳的偶像路线。高中开始,他(话语旧)就正式在歌厅唱歌,做"伴餐歌手",刚开始一个晚上能挣15块,后来很快涨到了60块、80块,一个月下来能挣一两千,是当时父母收入的好几倍。发了工资之后,他(话语旧)假装淡定地把一摞钱拍在桌子上,父母才开始觉得,也许唱歌跳舞也可以成为孩子的饭碗。从此以后,黄渤(话语旧)每天晚上从歌厅回家,再也不用小心翼翼地开门,以免发出声响。

f. 那时候霹雳舞已经渐渐过时,电视上放的,大多是小虎队、迈克尔·杰克逊、麦当娜的歌,黄渤(话语旧)边看边学,边唱边跳,有了两套拿手节目。后来参加青岛的一个舞蹈比赛,被青岛健力美舞蹈学校的校长相中,力邀他(话语旧)当教练。

g. 他(话语旧)的那点绝活第一节课的上半截就教完了,后半截只好"复习"。回到家,黄老师(话语旧)开始发奋学习,自编自舞自学,现炒现卖,搬到课堂上,竟也没有穿帮。他(话语旧)当了8年的舞蹈教练,学生两三千,教师节时还能收到卡片。

h. 期间,黄渤(话语旧)开始参与歌厅的嘉宾演出,嘉宾比普通的驻唱歌手难度要大,不仅唱歌跳舞,还要负责串场主持,把场子搅热。

i. "一场15~40分钟,要求气氛特别好,简单鼓掌不行,必须唱到沸腾。"很快黄渤(话语旧)就总结出一套经验,屡试不爽。"在台上轻车熟路,怎么控制现场气氛。特别清楚第一首唱什么,观众有什么印象,中间说什么话,让大家和你有同样的感受,然后再唱个情绪特别高亢的,有个共鸣,第三首、第四首让大家High起来,最后温情一点,《朋友》之类的。"

j. 其间,黄渤(话语旧)搞了个组合"蓝色风沙",带着乐队、伴舞队到处跑场子,现在的妻子小欧就是当时的一名伴舞。他们一群人通常摊开地图，觉得哪里好玩就杀到哪里。桂林、杭州、苏州是他们最先去的地方，他们赚过一些钱，也经常被人骗抢，生活中的唯一目标就是真正进入演艺圈。

k. 黄渤（话语旧）还写歌，他（话语旧）常坐在窗前，面朝大海，喝着小酒，小风一吹，文思泉涌。他（话语旧）给当时当红的歌手写过很多歌，这首是给王菲的，那首是为郭富城写的，但从来没有寄出去。"没用，后来自己就清楚了，还是有诸多原因，当时认为自己行，因为在那种环境里，其实差得很远。"

l. 黄渤（话语旧）的最后一站，是北京。在北京，他（话语旧）通过朋友窦鹏的关系，在王府饭店地下二层表演，同台的还有玩票性质的周迅。一场演出 200 块钱，除去房租，生活还算富足。但唱歌渐渐成了一种负担，有时在台上唱着歌，看着台下人喝着酒、划拳聊天，原来大家都是来听歌手唱歌，现在歌手成了背景，他（话语旧）渐渐开始怀疑起自己的生活。

m. 唱歌"再也带不来愉悦的感觉，你是为了一个目标，当目标不在时，你做这些还有什么意义"？那时候，他（话语旧）天一黑心情就不好，演出完心情就好了。

n. 一天早上，他（话语旧）上完厕所听见马桶"哗"的一声，突然觉得自己的青春就像这样，每天"哗"的一声，一天就过去了。刚好有朋友邀他（话语旧）回青岛建厂，于是，歌手黄渤（话语旧）摇身一变成了"黄代理"，每天西装革履，胳膊下夹着个公文包，不是跟车床打交道，就是在饭桌上跟人聊钢板轴承，每天喝得烂醉被司机扛上车送回家。

o. 渐渐地，腰包鼓起来了，肚子也起来了，"不好玩，除了挣点钱，其他任何快乐带不来，每天缠在事务性工作里，不是自己想要的"。他（话语旧）觉得这还不如唱歌好玩呢，至少唱歌的日子还有"哗"的一声响。

p. 2001 年，他（话语旧）的发小、演员高虎告诉他（话语旧），导演管虎正在找一个会说山东话、长得不怎么帅的人演一部电影《上车，走吧》，黄渤（话语旧）把自己帅帅的演出照寄了过去，差点失去这次机会。首次触电，他（话语旧）就演的男二号，一个公车售票员。这部只拍了 11 天的短片获得了很多奖项，黄渤（话语旧）生平第一次走上了红地毯，进到颁奖礼的会场一看，这边坐着巩俐，那边是周星驰，之前的梦想竟这么快就实现了。

q. 他（话语旧）开始想转行做演员，把很多没搞明白的事情搞清楚，比如，他（话语旧）一直不明白导演只负责喊"开始""停"，为什么人人都尊重他？于是他（话语旧）决定报考北京电影学院，一考不中，第二年他（话语旧）考上了两年制的配音专业。

r. 两年大学时光，黄渤（话语旧）很有自知之明，他（话语旧）知道自己年纪不小、基础还不怎么样，开始努力学习。毕业后，他(话语旧)成为抢手的配音演员，央视的译制片、影视剧，最忙的时候他(话语旧)一天配一部。

s. 如果不是宁浩，黄渤(话语旧)也许就一直做他的配音演员了，偶尔去唱唱歌，过过瘾。2006年宁浩从《生存之民工》中看到黄渤(话语旧)时，还以为是导演管虎从工地上拉来的民工，宁浩把“黑皮”这个大龙套给了他(话语旧)。接下来，他(话语旧)成了黄金配角，演了不少苦戏，连着三个圣诞节都在钻下水道，拍《斗牛》的时候，每天都在狂奔，四个月跑坏了38双鞋，灯光师一看到他(话语旧)，心里一咯噔，就知道又是一部很苦的戏。他(话语旧)笑称自己已经成了“苦戏代言人”了。

t. 兜兜转转，黄渤(话语旧)的人生又回到了演艺的轨道上来，他(话语旧)称之为“软坚持”，在细节上妥协，大方向上不变，他(话语旧)终归都没有脱离演艺这一行。

u. 总是演小人物，有人评价黄渤(话语旧)是国内无可取代的类型片演员，他(话语旧)也承认，“好多剧本来找的时候都跟我说，这个角色非你莫属。我觉得这就是你慢慢给人留下的印象。这个也是有好有坏，坏的方面这也是一种限制，有些角色他根本想都不往你这方面想”。

v. “一个白马王子去拯救公主的戏，如果你不让黄晓明去演，非要让我去，我勉强也能去。白马王子也有很多种……”还没说完，黄渤(话语旧)自己就笑得喘不上气了。⑤

(1)话语实体话语状态

从话语的视角来看，语篇(44)中的话语实体“黄渤”的信息状态是这样的：该实体在语篇标题《黄渤 成功来自“软坚持”》中首次提及，视为话语新；在下文中再次提及视为话语旧，包括(44a)黄渤……黄渤……黄渤……小人物黄渤、(44b)黄渤、(44c)这位金马影帝……他、(44d)他……黄渤……他……他、(44e)黄渤……他……他……他……黄渤、(44f)黄渤……他、(44g)他……黄老师……他、(44h)黄渤、(44i)黄渤、(44j)黄渤、(44k)黄渤……他……他、(44l)黄渤……他……他、(44m)他、(44n)他……歌手黄渤……“黄代理”、(44o)他、(44p)黄渤……黄渤、(44q)他……他……他……他、(44r)黄渤……他……他、(44s)黄渤……他……他、(44t)黄渤……他……、(44u)他、(44v)黄渤。

话语实体“黄渤”再次提及时，其指称语有的是代词，有的是名词，如“小人物黄渤”“这位金马影帝”“歌手黄渤”“黄老师”“黄代理”等，该实体仍视为话语旧。已经提及的实体不管是用代词还是名词来指称，都视为话语旧。

话语实体不是必须由一个名词导入语篇，可以由句子或命题导入。譬如，在“2001 年，他的发小、演员高虎告诉他，导演管虎正在找一个会说山东话、长得不怎么帅的人演一部电影《上车，走吧》，黄渤把自己帅帅的演出照寄了过去，差点失去这次机会”中，实体“这次机会”由上文的“导演管虎正在找一个会说山东话、长得不怎么帅的人演一部电影《上车，走吧》”这句话导入话语，是话语旧。

(2)句子成分信息状态

句子主要成分，如主语、宾语和不及物动词的主语，信息状态如何？鉴于汉语的主语难以定义、识别，我们把及物动词的施事论元视为主语，受事论元视为宾语。不及物动词有唯一的论元，视为主语。跟 Chen(1995,215)和 Chui(2005,54)一样，我们把表示存在的结构中的“有”视为不及物动词，其后面的名词视为不及物句的主语。譬如，在例(45)～(48)中，“长长的一串经历”“周迅”“巩俐”和“周星驰”等都视为主语。

(45) 这位金马影帝的履历上，有长长的一串经历：

(46) 同台的还有玩票性质的周迅。

(47) 这边坐着巩俐，

(48) 那边是周星驰，

统计显示，不及物句中，主语倾向于由话语旧实体(71%或 27/38)来充当，而不是话语新实体(29%或 11/38)。及物句的施事主语倾向于由话语旧(96%或 68/71)实体充当，而不是话语新(4%或 3/71)实体。需要指出的是，施事由话语新实体充当的频率很低，并不能说明其不能由话语新实体充当。事实上，话语新实体可以自由地充当句子施事。譬如，在例(49)～(51)中，施事分别是“灯光师”“青岛健力美舞蹈学校的校长”“人”，都是话语新。

(49) 灯光师一看到他，

(50) (黄渤)被青岛健力美舞蹈学校的校长相中，

(51) (他们)也经常被人骗抢，

及物句的受事宾语倾向于由话语新(76%或 60/79)实体充当，而不是话语旧(24%或 19/79)实体。尽管很少一部分受事是话语旧，但这并不说明受事不能由话语旧实体充当。话语旧受事不但可以出现在句首，还可以出现在句末。譬如，在例(52)和例(53)中，受事分别是“他的那点绝活”“这次机会”，分别出现在句首和句末。

(52) 他的那点绝活第一节课的上半截就教完了，

(53) (黄渤)差点失去这次机会。

我们可以单独分析句子的主语或宾语的信息状态，也可以把主语和宾语结合起来分析。对例(44)中的及物句分析发现，及物句的施事和受事的信息状态呈现以下几种模式：

a. 施事＋受事

旧＋新(75％或 59/79)

旧＋旧(11％或 9/79)

新＋旧(1％或 1/79)

b. 受事＋施事

旧＋新(2％或 2/79)

c. 受事

旧 (9％或 7/79)

新 (1％或 1/79)

显然，在及物句中，施事可以出现在受事前面或后面。有的及物句中只出现受事。及物句主要的信息包装模式是：旧施事＋新受事。及物句体现了从旧到新的信息包装模式。值得注意的是，信息包装模式“旧施事＋旧受事”占一定的比例(11％)，施事和受事可以同时都是话语旧。例如：

(54) 2006 年宁浩从《生存之民工》中看到黄渤时，

(55) 宁浩把“黑皮”这个大龙套给了他。

(56) (黄渤) 差点失去这次机会。

在例(54)～(56)中，句子的主语分别是“宁浩”“宁浩”“黄渤”，都是话语旧，宾语分别是“黄渤”“这个大龙套”“这次机会”，也都是话语旧。很明显，句子动词不能作为区分新、旧实体的分水岭。

综上所述，及物句和不及物句主语都可以由话语旧或话语新实体充当，只是倾向于由话语旧实体充当，而不是话语新实体。宾语倾向于由新实体充当。及物句的主要信息包装模式是：旧施事＋新受事。

(3)新、旧实体的分布

从实体的视角来看，话语新和旧实体分别到哪里去了？是如何分布的？倾向于出现在主语还是宾语位置上？新实体可以出现在及物句的主语(4%或3/74)、宾语(81%或60/74)和不及物句的主语(15%或11/74)位置。明显的趋势是，新实体倾向于出现在宾语位置。旧实体可以出现在及物句的主语(60%或68/114)、宾语(17%或19/114)和不及物句的主语(23%或27/114)位置，倾向于出现在及物句主语位置上，但不能认为旧实体不能出现在宾语位置上。总之，话语新实体倾向于由及物句宾语导入话语。

(4)新、旧实体与词序

从句子成分的视角看，在及物句中，受事可以出现在动词前面或后面。动词前的受事倾向于由话语旧实体(63%或10/16)充当，动词后的受事倾向于由话语新实体(86%或54/63)充当。从话语实体的角度看，新实体倾向于出现在动词后的受事(90%或54/60)位置上，旧实体对动词前受事(53%或10/19)或动词后的受事(47%或9/19)没有倾向。及物句的施事主语位于动词前，倾向于由话语旧实体(96%或68/71)充当。显然，动词前的句子成分倾向于由旧实体充当，新实体倾向于出现在动词后的句子成分上，旧实体可以自由出现在动词前和动词后的句子成分上。换句话说，动词不能作为话语新、旧实体的分界线。例如：

(57) 他假装淡定地把一摞钱拍在桌子上，
(58) (嘉宾)把场子搅热。
(59) 黄渤把自己帅帅的演出照寄了过去，
(60) (黄渤)把很多没搞明白的事情搞清楚，
(61) 差点失去这次机会。
(62) 2006 年宁浩从《生存之民工》中看到黄渤时，

在例(57)～(60)中，受事分别是“一摞钱”“场子”“自己帅帅的演出照”“很多没搞明白的事情”，是话语新实体，由“把”引入语篇，位于动词前面。在例(61)和例(62)

中，受事分别是“这次机会”“黄渤”，都是话语旧实体，出现在动词后面。

从句子成分的视角看，在不及物句中，动词前的主语倾向于由旧实体（82%或27/33）充当，而不是新实体（18%或6/33）；动词后的主语由新实体（100%或5/5）充当。从实体的视角看，旧实体出现在动词前的主语（100%或27/27）位置上，而新实体对动词前主语（55%或6/11）或动词后的主语（45%或5/11）没有倾向。不能据此认为，动词前的不及物句的主语不能是新的。事实上，在很多不及物句中，主语虽在动词前面，但由话语新实体充当。例如：

(63) 小风一吹，

(64) 文思泉涌。

(65) 渐渐地，腰包鼓起来了，

(66) 肚子也起来了，

在例(63)～(66)中，主语分别是“小风”“文思”“腰包”“肚子”，都是话语新实体。

在当前的语料里面，动词后的不及物句主语都是话语新，但也不能据此认为，动词后的不及物句主语一定是话语新。结论需要在更大的语料中去检验。

关于上述各个结论，需要强调两点：其一，趋势仅仅是趋势，并不是语法规则。词序受语用、语法、语义等因素的制约。例如：

(67) 黄渤把自己帅帅的演出照寄了过去，

(68) #黄渤寄了过去自己帅帅的演出照

(69) 2006年宁浩从《生存之民工》中看到黄渤时，

(70) *2006年宁浩从《生存之民工》中把黄渤看到时

(71) 灯光师一看到他，

(72) *灯光师把他一看到

在例(67)中，“自己帅帅的演出照”是受事宾语，是话语新实体，如果后置到动词后面去，那么句子(68)至少让人觉得非常别扭。在例(69)中，“黄渤”是旧实体，充当动词的宾语，如果把“黄渤”放到动词前面去，那么句子(70)反而不合汉语语法。在例(71)中，句子主语是“灯光师”，是话语新，但宾语是“他”，是话语旧。如果宾语“他”前置，那么例(72)也不符合语法。

其二，结论受统计数据的影响，而统计数据受语料的影响。譬如，在例(44)中，高达96%的施事由话语旧实体充当，而话语新实体很少。一个重要原因就是，该语篇主要是讲述实体“黄勃”的事情，事实上，“黄勃”充当话语旧施事的比例高达78%(或53/68)。

第四节　小　结

话语实体的信息状态，可以从话语的视角来定义：实体在话语上文提及的视为旧或者话语旧，而上文未提及的则视为新或者话语新。此种意义上的新、旧是实体在话语层面上的状态，实体是新还是旧取决于其是否在上文提及过。判断实体的话语状态自然是一件直来直去的事情，在实证研究中便于操作。在英语中，实体的话语状态在语言形式上没有固定的体现方式，话语新、旧实体都可由有定和无定形式来表达。

很多学者明确提出从话语的视角定义实体的认知状态，但他们在新、旧定义及分类等方面存在一些差异。Firbas(1966)是较早明确地论述实体的话语状态的学者。从话语的视角定义实体新、旧的信息理论中，影响力最大的是Prince(1992)。她非常明确地从话语的视角定义话语实体的新、旧。Yule(1981)区分了新和旧实体，把旧实体进一步分为当前旧和置换旧两类实体；发现当前旧和置换旧实体在包装方式上既有相似点也有不同点，把旧实体视为一个范畴而不是进一步细分是不严谨的。

研究实体话语状态的意义在于，语言中有些构式对实体的话语状态敏感，受话语新、旧的制约，话语新、旧能解释其他新、旧概念解释不了的语言现象。譬如，在英语中，重名词移位结构和双宾语结构的词序受话语新、旧信息的影响：在前者中，当名词传递新信息时，其后移；在后者中，直接宾语比间接宾语更新。(Arnold et al.，2000)主题化和焦点前置结构的前置成分传递话语旧信息，左移位结构的前置成分可以传递话语新信息，倒装结构和带*by*短语的被动结构的前置成分在话语中相对旧而后置成分在话语中相对新，呈现句的主语须传递话语新信息，右移位结构的后置成分传递话语旧信息。(Birner & Ward，1998)处在主语位置的不定式和从句必须传递话语旧或可推知信息，如果传递话语新信息，那么它们必须外置到句尾，形成外位结构；外置的主语可能是话语旧、话语新或可推知。(Miller，2001)在汉语中，及物句的施事主语和位于动词前的受事宾语倾向于传递旧信息，动词后的受事宾语比动词前的受事宾语传递新信息的概率高；动词前的不及物句主语倾向于传递旧信息，新实体出现在动词后的不及物句主语上的可能性更高；旧实体倾向于出现在动词前的句子成分上而新实体倾向于出现在动词后的句子成分上，或者说，新、旧实体的分布跟词序相关。（Chui，2005）这些研究反过表明了区分话语状态的实践意义。

我们的英语语料表明，在英语语篇中，主语倾向于由话语旧实体来充当，而宾语倾向于由话语新实体来充当。这并不意味着主语必须是话语旧，也不意味着宾语必须是话语新。含话语新主语和（或）话语旧宾语的句子也可能是正确的、恰当的。及物句主要的包装模式是：旧主语＋新宾语。从主语和宾语话语状态的视角看，英语句子体现了从旧到新的趋势。话语旧实体倾向于出现在主语位置而不是宾语；话语新实体倾向于出现在宾语位置而不是主语位置。及物句的施事倾向于由话语旧实体充当，而不是话语新实体。这并不能说明施事不能由话语新实体充当，只是频率低而已。受事倾向于由话语新实体充当，而不是话语旧实体。尽管少数受事是话语旧，但这也并不说明受事不能由话语旧实体充当。从话语实体的视角看，话语新实体可以出现在及物句的施事、受事和不及物句的主语位置上，但倾向于出现在受事位置上，对及物句施事和不及物句主语没有倾向性。上述关于句子成分的信息状态以及话语新、旧实体去向的统计数据跟语料相关，数据体现出来的只是一个趋势，不是语法规则，趋势需要在更大的、不同文体的语料里面检验。

我们的汉语语料表明，汉语及物句的施事倾向于由话语旧实体充当，而不是话语新实体。施事由话语新实体充当的频率很低，并不能说明其不能由话语新实体充当。事实上，话语新实体可以自由地充当句子施事。严格地讲，话语新但听者旧的实体可以自由地充当句子施事（参见第二章）。及物句的受事宾语倾向于由话语新实体充当，而不是话语旧实体。尽管很少一部分受事是话语旧，但这也并不能说明受事不能由话语旧实体充当。话语旧受事不但可以出现在句首，还可以出现在句末。及物句主要的信息包装模式是：旧施事＋新受事。及物句体现了从旧到新的信息包装模式。信息包装模式“旧施事＋旧受事”占一定的比例，施事和受事可以同时都是话语旧。在不及物句中，主语倾向于由话语旧实体来充当，而不是话语新实体。从实体的角度看，新实体可以出现在及物句的主语、宾语和不及物句的主语位置，但新实体倾向于出现在宾语位置，或者说，新实体倾向于由及物句宾语导入话语。旧实体可以出现在及物句的主语、宾语和不及物句的主语位置，但倾向于出现在及物句主语位置。从词序的视角看，动词前的受事倾向于由话语旧实体充当，动词后的受事倾向于由话语新实体充当。新实体倾向于出现在动词后受事位置上，旧实体对动词前受事或动词后受事没有倾向。在不及物句中，动词前的主语倾向于由旧实体充当；动词后的主语倾向于由新实体充当；旧实体倾向于出现在动词前的主语位置上，而新实体对动词前或动词后的主语没有倾向。动词不能作为话语新、旧实体的分界线。

注释

① 原文如下：

As is well known, the function of the definite article is to indicate that a substantive is sufficiently determined. On the part of the reader/listener, determination presupposes familiarity with what the substantive denotes [...].

The degrees of familiarity, however, vary. Roughly speaking, there are basically two of them. Thus (i) in regard to the common knowledge shared by the speaker/writer (the author of the message) and the listener/reader (the receiver of the message), the notion conveyed by the noun accompanied by a definite article may be known, well determined, familiar, and yet in regard to the narrow, ad hoc scene, it may appear as unknown, new, contextually independent. This is due to the fact that on the narrow scene, familiarity is judged by a far more rigid criterion. This rigid criterion is complied with in that contextual independence is indicated through other means of FSP than the definite article, the latter being free to indicate familiarity within the sphere of common knowledge shared by the speaker and the listener [...]. On the other hand, (ii) substantives with definite articles convey notions that may be considered familiar in that fullest sense of the word, i. e. both in regard to the common knowledge of the speaker and the listener and in regard to the narrow scene. It is this type of familiarity that renders the substantive contextually dependent, the definite article referring back to the previous context.

(Firbas, 1966, 246)

② Allerton 对 givenness 和 presupposition 的区分如下：

GIVENNESS concerns (the speaker's assumptions about) the addressee's awareness of things about him. Givenness may arise situationally, either from what is immediately observable, or from what the addressee is known to have experienced in the past; or it may arise linguistically from the previous text. In either case the item may be more or less given, in that the reference may be to be present, immediate past or more remote past, and may be made more or less directly, and with greater or lesser frequency. What is given may be a linguistic item (proform-givennesss); or the particular referent (definite givenness); or a combination of items in a proposition (news value givenness). Givenness is marked syntactically (by proforms, deixis, etc.), intonationally, or by deletion (ellipsis).

PRESUPPOSITIONS concern the beliefs of the speaker and the addressee. The speaker may assert a particular belief (assuming the listener does not yet share it), or he may simply hypothesize, considering it as a possibility. On the other hand, he may presuppose it (either for the sake of argument or because he believes it himself and assumes his belief is shared). Such presuppositions may be either textually governed, binding the sentence to its text, when they will be intonationally marked like given items (non-nuclear intonation, unstressed); or the presuppositions may be lexically governed, when they act as embedded complements (including subjects).

(Allerton, 1978, 166)

③ 未知、已知定义和分类如下：

(1) UNKNOWN (=indefinite) when he makes no assumption that the addressee knows which particular referent he is talking about, either because it is of no interest or irrelevant; or because the speaker is about to give this information (cf. above *a policeman*, *a bookshop*). Such noun phrases are 'new' in the fullest sense, that noun phrase *qua* noun phrases can be.

(2) KNOWN (= definite) when the speaker requires the addressee to know which particular referent he has in mind. This information may be recovered with different degrees of facility by the addressee according to the degree to which it is readily available:

(a) OFFSTAGE, when he has to delve back a long way (cf. above *the* *policeman*, *the* *bookshop*). Such cases might be termed 'semi-new'.

(b) ONSTAGE, when he has it in his medium-term memory—when it has been mentioned or made obvious in the fairly recent past. The reference may further be to either

(i) the less immediate past. In such cases a gentle reminder is being given, e. g. *the* /*policeman*, *the* /*bookshop*. Here we might use the term 'semi-given'.

(ii) the absolutely immediate past, when identification is taken for granted, e. g. *the policeman*, *the bookshop* [non-nuclear]. Here the items are fully 'given'.

(Allerton, 1978, 146-147)

④ Flint, H., Back to the LA routine! David Beckham shows off his tattoos in a black T-shirt as he grabs a smoothie after a SoulCycle class,2015 年 3 月 28 日,http://www.dailymail.co.uk/tvshowbiz/article-3015853/David-Beckham-shows-tattoos-black-T-shirt-grabs-smoothie--SoulCycle-class.html? ITO=1490&ns_mchannel=rss&ns_campaign=1490,2016 年 6 月 28 日。

⑤ Kgold:《黄渤 成功来自"软坚持"》,《亚洲新闻人物》,2012 年 9 月 22 日,http://www.inventic.net/2012/Entertainment_0922/1245.html,2016 年 6 月 28 日。

第二章　听者新和听者旧

话语实体的认知状态还可以从听者的视角来定义:言者假定听者已知的实体视为旧或听者旧(hearer-old),而假定听者未知的则视为新或听者新(hearer-new)。此种意义上的新、旧是言者对实体在听者大脑中的假定状态,实体是新还是旧取决于言者的假定,言者的假设跟实体在听者大脑中的实际状态可能一致也可能不一致。根据自己的假设,言者对实体进行包装。判断实体在听者层面上是新还是旧,对话语分析者来说,是个巨大的挑战,这是因为分析者必须知道言者在发话时刻是如何假设的。

第一节　听者新和听者旧定义

很多学者从听者的视角定义、分析实体的认知状态[①],但他们在新、旧定义和分类等方面存在很大的差异。有的理论只关注听者旧实体,把旧实体分成多个级别。有的信息理论不仅关注旧实体在话语中如何包装还关注新实体,主张实体的认知状态二分法,把实体笼统地分为新和旧两大类。实体认知状态二分法有明显的局限性,因为实体在听者大脑中不是处于两种泾渭分明的状态,即实体不是要么新要么旧。在新和旧之间是一个连续体,有过渡。因此,还有的信息理论主张,实体应该三分,甚至更多,新、旧实体都可以下分为多个类别。

1. Ariel

Ariel(1985,1988,1990,1991,1994,2001,2006)的可及理论(accessibility theory)认为,实体在听者大脑中的可及度不同,言者选择不同的指称语表示不同的可及度。旧(identifiable/given/definite)实体定义为“假定听者有心理表征”(2006, 15),下分为低、中和高可及实体三大类。在英语中,有定描述和专有名词指称可及性低、当前尚未高度激活的实体;带指示词的语言形式指称中度可及实体;代词和零代词指称高可及实体。对于指称形式跟实体的可及性之间的对应关系,她提出了一个可及性标记阶(accessibility marking scale)[2]:

> 全名+修饰语>全名>长的有定描述>短的有定描述>姓>名>远距离指示词+修饰语>近距离指示词+修饰语>远距离指示词+名词词组>近距离指示词+名词词组>远距离指示词(-名词词组)>远距离指示词-名词词组 >重读代词+手势>重读代词>非重读代词>附着代词>人称一致标记>零代词

Ariel的可及理论只关注听者旧实体,听者旧实体有不同程度的旧或可及性。然而,代词、指示词和有定表达只是分别倾向于指称高、中和低可及实体。高可及实体有时候用低可及性标记词来指称,而低可及实体有时候用高可及性标记词来指称。Ariel(1994, 30)认为,形式和可及度之间的相关性非常显著,或者说,可及性标记阶只是表明二者之间的对应关系大体上如此。[3]

2. Clark & Haviland

根据Clark & Haviland(1977),旧信息(given information)指言者认为听者已知而且认为真实的信息,新信息(new information)指言者认为听者未知的信息。在多数句子里面,有定名词词组传递旧信息,人称代词“他”和“她”几乎总是旧信息。通过桥接(bridge)可推知的实体也视为旧。他们所定义的旧和新信息指的是话语实体听者意义上的认知状态。

(1) The judge took a bribe. (p. 12)

(2) Horace got some beer out of the car. The beer was warm.

(3) Horace got some picnic supplies out of the car. The beer was warm. (p. 21)

在例(1)中,有定名词 the judge 是旧信息,这是因为存在这样一个实体——“法官”,而且听者也知道此“法官”。例(2)和例(3)中的 the beer 都是旧的,但不同是,例(2)中的 the beer 在上文明确提及,而例(3)中的 the beer 在上文没有明确提及,只是从 some picnic supplies 可推知。

3. Prince

Prince(1992, 301-302)非常明确提出从听者的视角定义实体的认知状态：言者假定在听者大脑中已经有表征的实体，即言者假定听者已经知道的实体视为听者旧(hearer-old)，言者假定听者未知的实体视为听者新(hearer-new)。例如：

(4) a. I'm waiting for it to be noon so I can call Sandy Thompson.

b. I'm waiting for it to be noon so I can call someone in California.

(p. 301)

在例(4a)中，言者认为听者认识 Sandy Thompson，即该实体是听者旧，直接用专有名词 Sandy Thompson 包装该实体，也同时认为当听者听到 Sandy Thompson 这个名字时知道 Sandy Thompson 指的是谁。在例(4b)中，虽然要传递同样的命题信息，但言者假定听者不认识 Sandy Thompson，即该实体是听者新，所以就用无定形式 someone 来包装该实体。

根据 Prince，听者旧实体一般由有定的(definite)形式来表达。(p. 302)名词的有定性由以下形式表达：定冠词 the；指示代词，如 this、that 等；所有格代词，如 my 等；人称代词，如 I 等；专有名词，如 Sandy 等；一些数量词，如 all、every 等。(p. 299)听者新实体一般由无定(indefinite)名词来表达。(p. 302)名词的无定性由以下形式表达：不定冠词、零冠词和数量词，如 some、any 等。名词的有定和无定可完全根据形式来判断。(p. 299)实体的听者状态(旧和新)和名词的有定/无定形式之间的对应只是一般情况而言，并不是完全对应；有定名词也可以表达听者新实体，而无定名词，如类指，也可以表达听者旧实体。(pp. 302-303)

Prince 特别强调，实体听者状态和话语状态之间的关系是，二者在某种程度上是相互独立的。实体是话语新表明不了它在听者层面上的信息状态，即表明不了话语新实体在听者层面上是新的还是旧的。听者旧实体也表明不了其话语状态，即表明不了它是话语新的还是话语旧的。话语旧实体既然在上文提及了，听者应该记得，应该是听者旧。听者新的实体理应是话语新。实体的话语状态和听者状态交叉搭配，会出现 4 种可能性：

a. 听者旧但话语新

b. 听者旧且话语旧

c. 听者新且话语新

d. 听者新但话语旧

Prince 认为，第四种情况不存在(p. 309)，因为实体既然是话语旧，听者应该记得，不是听者新。实体的认知状态可从听者状态和话语状态两个视角同时分析。

(5) Last night the moon was so pretty that I called a friend on the phone and told him to go outside and look.

(Birner & Ward, 1998, 15)

在篇首句例(5)中，实体 the moon 在语篇中第一次提及但言者假定听者知道这个实体，因此是话语新但听者旧，用有定形式包装。实体 a friend 在文中首次提及而且言者假定听者不知道该实体，是话语新而且听者新，用无定形式包装。him 在上文提及，回指 a friend，是话语旧而且听者旧，用代词包装。the phone 就是可推知实体，因为打电话需要电话，用有定形式包装。

值得一提的是，Prince(1981,1992)信息理论局限于名词表征的话语实体的认知状态，很多研究(Birner & Ward, 1998; Loock, 2007; Miller, 2001; Virtanen, 1992a, 1992b; Zavala, 2001)把她的理论从名词扩展到动词、副词、形容词、介词短语和小句等。

4. Gundel et al.

"像词序和声调等语言现象一样，指称语取决于实体的假定状态，即取决于合作的发话者对受话者在交际时刻的知识和注意状态的假设"[④]。Gundel et al. (1993)和 Gundel et al. (2010)的已知阶(givenness hierarchy)理论认为，"不同的指称形式通常标明不同的认知状态(记忆和注意状态)，听者能够知道指称语可能指称哪个实体"[⑤]。自然语言中有 6 种认知状态跟指称形式相关。[⑥]

已知阶

焦点中的>	激活的>	熟知的>	唯一识别的>	指称的>	类识别的
它	她，这/那，这+名词	那+名词	定冠词+名词	无定的这+名词	不定冠词+名词

焦点中的实体表示实体不仅在短期记忆中而且是当前注意的焦点，是使用零代词和非重读代词的必要条件。激活的实体指在当前短期记忆库中的实体，包括通过语言激活的和情景中的实体，如交际双方，是使用代词、有定限定词 this 的必要条件，是使用代词 that 和重读人称代词的充要条件。熟知的实体指在听者的长期记忆或短期记忆中存在的实体，因此听者能够识别出该实体，是使用人称代词和有定指示词的必要条件，是使用指示词 that 的充要条件。唯一识别的实体指听者只根据指称语本身就能够识别出、构建出唯一的实体，是使用有定形式的必要条件，是使用带定冠词 the 有定形式的充要条件，实体可识别是因为听者大脑中已经有该实体的表征或者别的原因。指称的实体指特定的(particular)、具体的(specific)实体，听者虽不能识别是哪个具体的实体，但能构建出一个新的实体，是实体有定表达的必要条件，是使用无定限定词"这"的充要条件。类识别的实体指言者假定听者能识别出指称语描述哪一类实体，实体用无定名词指称。例如：

(6) a. I couldn't sleep last night. A dog (next door) kept me awake.
b. I couldn't sleep last night. This dog (next door) kept me awake.
c. I couldn't sleep last night. The dog (next door) kept me awake.
d. I couldn't sleep last night. That dog (next door) kept me awake.
e. I couldn't sleep last night. That (next door) kept me awake.

(pp. 276-278)

例(6a)假定听者知道"狗"这个字的意思，大脑中有"狗"这一类动物的表征，是类识别的，使用带不定冠词的指称语。例(6b)指称一只特定的狗，是指称的。在例(6c)中，听者能识别出哪一只狗，是唯一识别的，定冠词 the 表示听者大脑中有唯一的表征。在例(6d)中，听者本来就知道邻居家有只狗，其是熟知的，限定词 that 表示听者大脑中应该有句中所说的那只狗的表征。在例(6e)中，that 指刚才的狗叫声，或者在上文提及过的狗叫声，是激活的。

在已知阶中，实体的认知状态是其指称形式的必要和充分条件，形式标明认知状态。认知状态之间的关系是单向预设(unidirectional entailment)，高认知状态，即已知阶中左边的状态，预设低认知状态，它们之间不是相互排斥的。焦点中的实体同时也必须是激活的、熟知的、唯一识别的、指称的、类识别的。同样，激活的实体也是熟知的，以此类推。但是唯一识别的不都是熟知的，熟知的不都是激活的或焦点中的。表达某种状态的形式对更高级的认知状态来说不够具体，认知状态和形式之间是一种一对多的关系。

(7) A：So you've only known the dog how long did you say?

B：Well，about a year，I guess.

A：Oh well. Is it，uh，how old is the dog?

(Gundel et al.，2010，1771)

在例(7)中，the dog 是 A 和 B 交谈的话题，在"Oh well. Is it，uh，how old is the dog?"中是在焦点中的，A 本来可以用代词或带限定词的名词来指称，如"How old is it?"或者"How old is this dog?"

根据 Gundel et al. (1993，280-281)，Prince(1981)所界定的未用实体大体上对应熟知的但不是激活的；包含型可推知实体对应可识别的但不是熟知的；全新实体对应类识别的但不是唯一识别的。在已知阶中，左边的四类实体用有定形式指称，右边的两类实体用无定形式指称。很显然，该理论中左边的四类属于听者旧实体，右边的两类属于听者新实体。

有几点值得注意：已知阶只关注认知状态，不考虑形式是否传递其他概念意义(conceptual meaning)；不像 Ariel(1988，1990)的可及阶，已知阶不是可及度阶，阶中的认知状态是单向预设，不是相互排斥；已知阶中处在低级的实体不是一定比处在高级的实体可及程度低；跟 Ariel 一致的地方是，已知阶中焦点中的和激活的实体可及度是最高的。(Gundel et al.，2010，1771)

5. Lambrecht

Lambrecht(1994，77-109)根据言者对实体在听者大脑中的假定状态区分实体。他区分了可识别度(identifiability)⑦和激活度(activation)两个概念。这两个概念都属于记忆和意识范畴，指话语实体(discourse referent)在交际时刻在交际者大脑中的假设状态(assumed state)。

可识别度指言者对话语实体，包括物体和命题，在听者大脑中的假设状态，即实体是否已经储存在听者大脑中。实体可以分为可识别(identifiable)和不可识别(unidentifiable)两大类。前者指在说话时刻交际双方大脑中都有表征的实体，后者指仅仅在言者大脑中有表征的实体。实体可识别不是意味着实际上存在这么一个实体，而是意味着言者假设听者知道、了解该实体。可识别的实体包括以下几种情况：实体在长期记忆库中，容易随时提取；实体在交际环境中，容易看到或很凸显;实体在上文中已经提及;实体根据图式(schema)或框架(frame)可推知。不可识别对应 Prince(1981)的全新的(brand-new),分为不可识别的(unidentifiable)和附着不可识别的(unidentifiable anchored)两类,二者分别对应 Prince 的未附着全新的和附着全新的。

激活度指言者对可识别的实体在听者大脑中的假设状态。鉴于知道某事物和正在想某事物是两种不同的认知状态,借鉴但又不同于 Chafe(1987),Lambrecht 把可识别的实体进一步下分为活跃的(active/given)、半活跃的(semi-active/accessible)和非活跃的(inactive/unused)三类。活跃的实体指实体正处在当前意识中,是注意力的中心。半活跃的实体指实体处在意识边缘,不是注意的中心。非活跃的实体指实体在长期记忆库里,既不在意识的中心也不在边缘,对应 Prince(1981)所界定的未用的。半活跃的实体进一步分为话语可及的(textually accessible)、情景可及的(situationally accessible)和推知可及的(inferentially accessible)三小类实体。它们分别指由活跃的冷却成为半活跃的、情境中的和根据激活的图式或框架可推知的实体。例如:

(8) I heard something TERRIBLE last night. (Ø) remember MARK, the guy we went HIKING with (Ø), who's GAY? His LOVER just died of AIDS [...] Mark is terribly UPSET.

(Lambrecht, 1994, 110-111)

在例(8)中,I,remember 前省略的代词 Ø(=you), we,with 后面省略的代词 Ø(=the guy), who,His 等指称的实体是活跃的。这些实体用代词指称,不重读。something TERRIBLE 是全新的、不可识别的、未附着的,重读。第一次提及的 Mark 和 AIDS 是未用的、非活跃的,重读。last night 是情景可及的。His LOVER 是推知可及的。在谈论一会儿后,Mark 再次提及,是语篇可及的,两个 Mark 之间的话语降低了 Mark 的活跃度,该实体既不是当前注意力的中心,也没有回到原来的未用状态,不可能用代词来指称,是否重读取决于言者认为重新激活该实体所需要的认知努力。

Lambrecht 对可识别性和有定性(definiteness)作了区分。有定性是一个语法概念,表明言者是否假定某实体为听者所识别,在形式上由不定冠词、定冠词或限定词来标明。有定性跟可识别性相关但这种相关并不是绝对的,实体是否可识别跟有定/无定不是一一对应的关系。无定名词可能是具体的(specific)、非具体的

(non-specific)或类指的(generic)。具体的无定名词,对言者来说,是可识别的,但对听者来说,是不可识别的;非具体的无定名词,对言者和听者来说,都是不可识别的,即不指向任何实体;类指的无定名词指称的实体是可识别的。例如:

(9) I am looking for a book.

(p. 80)

(10) A book is a useful thing to have in a doctor's waiting room.

(p. 82)

例(9)中的无定名词 a book 可能是具体的,指一本特定的书;也可能是非具体的,指任何一本书。如果要找的书是具体的,言者找到书后会说 I found it。如果要找的书是非具体的,言者找到书后会说 I found one/I found a book 而不是 I found it/I found the book。例(10)中的 a book 是类指。

根据 Lambrecht,实体的认知状态跟表达实体的语言形式相关,是拟像的(iconic)。总的来说,非活跃的实体使用名词表达,其指称语重读。半活跃的实体在语音、形态形式上不确定。活跃的实体在语音上弱读,形态上用代词表达。反过来,弱读的指称语理应指称活跃的实体。但活跃的和代词之间并不总是对应。譬如,表示类指的代词和指示代词指称的实体就不是活跃的。再者,受语义、文体等影响或者为了避免歧义等原因,活跃的实体也不一定由代词来指称,可能由名词表达,甚至重读,有时虽然用代词来指称但也可能重读。例如:

(11) I saw John and Bill this morning. He's sick. (p. 95)

(12) Peter went to see Bill, but he was not at home. (p. 101)

(13) Peter went to see Bill, but he had to return. (p. 101)

(14) Q: Among John, Mary, and Tom, who is the oldest?

A: TOM is the oldest. (p. 97)

(15) I saw MARY and JOHN yesterday. SHE says HELLO, but HE's still ANGRY at you. (p. 97)

例(11)中,代词 He 指称的实体是活跃的,但不能确定其是指称 John 还是 Bill。在例(12)中,代词 he 指称的实体是活跃的,虽然上文有两个提及的实体 Peter 和 Bill,但能确定其是指称 Bill。在例(13)中,代词 he 指称的实体是活跃的,虽然上文有两个提及的实体 Peter 和 Bill，能确定其是指称 Peter。不同于例(11)，例(12)和例(13)中的谓语部分，即 was not at home 和 had to return，分别排除了使用代词可能引起的歧义。在例(14)中，答句中的 TOM，在问句中已经提及，是活跃的，但用名词来表达而且重读。TOM 重读是因为其是句子焦点，跟其认知状态无关。例(15)中，SHE 和 HE 指称的实体都是活跃的，但重读，因为它们都是对比话题(contrastive topic)。

不可识别的实体用名词指称，重读。未附着不可识别的实体通常由无定名词表达，如 a guy；附着不可识别的实体由有定名词和无定名词相结合的形式来表达，如 a friend of mine。不可识别和无定(indefiniteness)相关但它们之间的相关不是绝对的。

6. Prince

根据实体的假设熟知度(assumed familiarity)，Prince(1981)把话语实体分为新(new)、旧(evoked)和可推知(inferrable)三大类。

新实体指首次导入话语的实体，下分为全新(brand-new)和未用(unused)两大类。前者需要听者根据指称语在大脑中创造一个新实体，而后者在听者大脑里已经有相应的实体。全新实体进一步分为未附着全新(brand-new unanchored)和附着全新(brand-new anchored)两类。未附着全新实体是指首次导入话语而且不附着在其他实体上的实体，在听者大脑里没有相应的表征。附着全新实体是首次导入话语而且指称该实体的名词连接在另一个充当附体(anchor)的名词上，在听者大脑里也没有相应表征。未用实体是指首次导入话语但在听者大脑中已有相应表征的实体。

旧实体下分为话语旧(textually evoked)和情境旧(situationally evoked)实体。前者指通过话语导入语篇的实体，后者指在情境中存在的实体。

可推知实体是上文没有明确提及，但可以根据充当触发语(trigger)、已提及的实体，通过推理而获知的实体。可推知实体分为包含型可推知(containing inferrable)实体和非包含型可推知(noncontaining inferrable)实体。前者是指可推知实体和触发语同在一个词组内，后者是指两者不在同一个词组内。

(16) I bought a beautiful dress.

(17) A rich guy I know bought a Cadillac.

(18) Rotten Rizzo can't have a third term.

(19) I went to the post office and the stupid clerk couldn't find a stamp.

(20) Have you heard the incredible claim that the devil speaks English backwards.

(21) Susie went to visit her grandmother and the sweet lady was making Peking Duck.

(22) Lucky me just stepped in something.

(p. 237)

假如例(16)～(22)都是篇首句，那么例(16)中的 a beautiful dress 是全新的，例(17)中的 A rich guy I know 是附着全新的，例(18)中的 Rotten Rizzo 是未用的，例(19)中的 the stupid clerk 是可推知的，例(20)中的 the incredible claim that the devil speaks English backwards 是包含可推知的，例(21)中的 the sweet lady 是旧的，例(22)中的 Lucky me 是情景旧的。

很明显，Prince 把听者和话语两个视角混在一起定义实体的认知状态。在此理论框架下，有的实体既是新的又是旧的。譬如，旧实体分为话语旧和情境旧实体。显然，前者是从话语的角度分析实体认知状态，后者是从听者的角度分析，听者是否从情景中识别出该实体。但问题是，情景中的实体也可能首次导入话语，根据 Prince 的定义，此类实体应视为新的。全新、未用、话语旧实体分别对应 Prince (1992)界定的话语新且听者新、话语新但听者旧、话语旧且听者旧。另外，例(21)表明，Prince(1981)把实体信息状态和指称语信息状态区分开来，the sweet lady 是个新词，但其指称的实体，即上文 her grandmother 导入语篇的实体，是旧的。

7. Brown & Yule

根据句法和语音等方面的差异，Brown(1983)对 Prince(1981)进行了修改。可推知实体由有定名词来指称但在语音上凸显，所以她把全新和可推知实体视为一类，都是新的。旧实体分为话语旧(textually evoked)和情境旧(contextually evoked)两类。借鉴 Yule(1981)，她把话语旧实体进一步分为当前旧(current evoked)和置换旧(displaced evoked)实体。

Brown & Yule(1983)把实体分为新、可推知和旧三大类。新实体下分为全新和未用两类，旧实体下分为情景旧(situationally evoked)和话语旧(textually evoked)两类，话语旧实体进一步下分为当前旧(current evoked/given)和置换旧(displaced evoked/given)两类。当前旧实体指刚导入语篇的旧实体；置换旧实体指语篇中导入新实体后再次提及的旧实体。

旧实体常用的指称形式可以是代词，也可以是有定名词。Brown & Yule 提出这样的问题：这些形式是否可以自由替换？如果是，那么在同一个语境中这些形式都是恰当的。他们认为，这些不同形式实际上出现在不同语境中，体裁是一个影响它们的因素，表达旧实体的形式在一种体裁中合适，但在另一种体裁中不一定合适。

(23) a. A man came to the office today carrying a huge suitcase. It contained an encyclopedia.

b. A man came to the office today carrying a huge suitcase. The suitcase contained an encyclopedia.

c. A man came to the office today carrying a huge suitcase. The huge suitcase carried by the man who came to the office today contained an encyclopedia.

(Donnellan, 1978, 58)

例(23a)、(23b)和(23c)中，it、the suitcase 和 the huge suitcase carried by the man who came to the office today 都是回指上文的 a case。Donnellan(1978)认为，指称语中的信息重复，使语篇显得像儿童读物中的语言那样别扭。Brown & Yule 认为，例(23c)别扭是因为在正常体裁中、非儿童读物中，言者不会重复这么多旧信息。

Brown & Yule 发现，指称置换旧和当前旧实体的语言形式存在差异，不能自由互换。事实上，"the＋修饰语＋名词"几乎全部用来指称置换旧实体，"the＋名词"虽然也用来指称当前旧实体，但绝大多数指称置换旧实体，代词只用来指称当前旧实体。从实体的角度看，当前语篇旧实体大部分用代词或零代词指称，有时用有定形式；置换旧实体没有用代词或省略的形式来指称的，总是用有定形式，而且一般有修饰语。全新实体则一般用"a(＋修饰语)名词"包装，修饰语可能有；可推知实体一般用有定形式导入语篇。

8. Chafe

Chafe(1974, 1976, 1987, 1994, 1996)把物体、事件和特征称为概念(concept/idea)，从意识(consciousness)的角度，根据概念在交际者大脑中的意识程度、激活成本(activation cost)，把概念分为三种：活跃(active)或旧(given)、半活跃(semi-active)或可及(accessible)、非活跃(inactive)或新(new)。

旧信息指概念在说话时刻已经活跃,是意识的焦点,可以是通过语言在上文已经导入的、表类指的、交际情景中存在的等。譬如,“你”“我”“这儿”“现在”和“那个人”等视为旧。信息“旧”的状态持续时间的长短,取决于其是否是话语的主题等因素。某概念引发后,如不重新提及,很快就不再是活跃的。

可及信息指概念处在意识的边缘,不是意识的焦点。信息可及的原因是,活跃的信息去活跃化(deactivation)而变成半活跃的,或者因为某个图示(schema)激活后,与之相关的概念变成半活跃的。

新信息指概念存在长期记忆库中,既不是意识的焦点也不在边缘,说话时刻刚刚激活。有的实体虽然听者知道、了解,但在交际时不在眼前,言者假定听者当时意识中没有该实体,这样的实体视为新。

Chafe 所定义的激活成本和可识别性是两个独立的概念。从激活成本的视角看,可识别的实体可能是旧的、可及的或新的;不可识别的实体几乎总是新的。实体是否为听者所知跟激活成本无关,但对识别性却至关重要。

(24) a. I talked to a lawyer last night.

b. I talked to Larry last night.

(1994, 95)

根据 Chafe,从激活成本的视角看,例(24a)中的 a lawyer 和例(24b)中的 Larry 在当前话语中都是未激活的、新的。从识别性的视角看,a lawyer 听者不知道,是不可识别的,但 Larry 为交际双方所共知,是可识别的。这也是 Chafe 所界定的意识上的新、旧跟上文评论的各家听者新、旧的区别之一。

Chafe 和下文评论的 Firbas(2007)都是从听者的视角界定认知状态,但跟上文所探析的听者状态理论在新、旧定义的标准和范围等方面存在巨大差异。

9. Firbas

Firbas(1987, 2007)的语境观区分了三种存在包含关系的语境,从小到大依次是直接相关的语言和情景语境、整个语言语境和相应的情景和经验语境、由交际双方共有的所有知识和经验构成的语境。

信息是否存在于直接相关的语言或情景语境里,是检验信息新、旧的标准。不存在于直接相关的语境里的信息是新的(new)、不可复原的(irretrievable)、语境独立的(context-independent)。存在于直接相关的语境里的信息是旧的(old/given/

known)、可复原的(retrievable)、语境依赖的(context-dependent)。

Firbas 没有明确界定直接相关的语言语境里有效的可复原范围(retrievability span),但认为正常情况下范围很小。譬如,他自己的语料里面最大范围没超过 3 个句子。直接相关的情景语境包括两组实体:一组指交际双方,即言者(作者)和听者(读者);另一组指情景中交际双方直接关注的实体。交际双方共有的知识在直接语境里可能是可复原的,也可能是不可复原的。譬如,在篇首句里面的“你”和“我”在情景语境里是可复原的、语境依赖的,而“今早”“上周”和“在我老家”等概念(notion)是语境独立的,会随着语篇的推进成为可复原的、语境依赖的,或者又变为不可复原的、语境独立的。Firbas(1987, 52; 2007, 40)认为,为达到一种中途(in medias res)效果,言者可能把不可复原的信息表达成语境依赖的、可复原的。譬如,欧·亨利的有些作品开篇就使用人称代词指称话语实体。

Firbas 认为,信息在可复原性或语境独立性上具有多样性(heterogeneity)。他所谓的多样性,实际上指的是几种不同意义上的新、旧。一种情况,有些指称语不是全部意义上的语境依赖的,在于它们跟其先行项虽共指但同时传递一些额外意义(additional meaning)。这些额外意义是不可复原的;此处不可复原的是词项意义上的新(参见第三章)。第二种情况涉及可推知实体。它们跟先行项在语义上相关联,这种关联特征是可复原的,但它们跟先行项只是构成衔接关系(cohesive relationship),不是全部意义上的语境依赖。最后一种情况,信息也不是全部意义上的语境依赖的,在于其在直接语境里是可复原的,但同时也传递了额外的不可复原信息。这些额外的不可复原信息表示选择(selection)、识别(identification)和对比(contrast)等。此处所谓的额外的不可复原信息指的是关系意义上的新信息(参见第四章)。

(25) He did not praise your paper, but my paper.

(2007, 36)

根据 Firbas,例(25)中 your 和 my 既是可复原的,又是不可复原的、对比性的。导致得出这样相互矛盾的结论的原因是,从不同的视角判断 your 和 my 的信息状态。总之,Firbas 所定义的可复原性指多种意义上的新、旧。

不管 Chafe 的意识观还是 Firbas 的语境观,判断信息的状态都需要确定信息是否是当前注意力的中心,但他们界定新、旧的标准和范围存在差异。Chafe 判断新、旧的标准是，信息是否在听者的当前意识中；Firbas 的标准是，信息是否在直接相关的语境里。二者新、旧的范围自然存在差异。Chafe 和 Firbas 理论的意义在于，听者旧实体不一定是当前旧；交际双方所共知的实体或者说听者旧实体是否是当前旧，会影响它们的包装方式。

10. 其他

在 Chafe(1974)新、旧的基础上，Dahl(1976, 41)区分了新(unknown/new)、旧(known)概念(concept)。旧概念定义为听者已知但需要从长期记忆库中提取的实体；新概念定义为听者不知的实体，对听者来说是全新的(totally new)。[8]用剧院的舞台作比喻，Dahl 把旧概念进一步区分为在台(on-stage)和离台(off-stage)[9]，这两种情况都由有定名词来指称。新概念在很多情况下由无定名词导入话语。

Kuno(1972, 1978)从听者的视角定义照应(anaphoric)、非照应(nonanaphoric)实体。照应实体指实体在上文提到或者交际双方不需要语言导入而共知、具有唯一性、能识别出来(1978, 283)、具有永久性注册(in the permanent registry)(1972, 270)的特点。譬如，“太阳”“我妻子”和“人类”等视为照应的。他后来放弃了术语非照应、照应而采用术语新信息(new information)、旧信息(old information)，认为英语句子遵循从旧到新的信息流原则(Kuno, 1983; Kuno & Takami, 2004, 127)，但新信息、旧信息与非照应、照应在 Kuno(1972)里是两种不同意义上的新、旧。

众多信息理论中较早从听者的视角出发，把实体的认知状态分为很多类别的是 Allerton(1978)。他把实体分为新和旧两大类。前者指言者假定听者不知道所说的实体是哪一个特定的实体，后者指言者假定听者知道。旧实体下分为半新、半旧和全旧三个级别。半新是指言者认为听者应该知道他所指的实体，但需要努力从很长的话语以前或大脑深处回忆起来；半旧指不久前提及的实体，听者不需要多大努力就能回忆起来；全旧指刚刚提及的实体，很有可能就是在上一句话中提及的。半新相当于 Dahl(1976)所界定的离台或 Chafe(1974)的不在意识中，半旧和全旧两者包含在 Dahl(1976)的在台或 Chafe(1974)所界定的在意识中(关于 Allerton的信息理论，参见第一章)。

第二节　应　用

1. 句子成分

Prince(1981)在自己提出的理论框架下比较了非正式叙事性口语语篇和正式书面语篇中句子成分的信息状态。口语语篇的交际双方是两个好朋友,都是女性,背景相同,交际的地点是家中。书面语篇摘自 Hymes(1974)著的《社会语言学基础》,该书面向的读者是懂英语、研究语言学的人。

Prince 发现,在口语语篇中,几乎所有的句子的主语是旧的,而少数的非主语成分,包括谓语动词宾语和介词宾语,是旧的;一少部分非主语成分是新的,但没有主语是新的。她提出一个使用实体的优先熟悉阶(p. 245):

旧的/情景旧的＞未用的＞可推知的＞包含可推知的＞附着全新的＞全新的

Prince 就以上熟悉阶作了几点说明。其一,言者根据听者大脑中已有的信息传递信息时,如果选用熟悉阶中低的认知状态,即阶中靠右的认知状态,来指称实体,属于变异用法,是有意隐瞒、制造悬念等。如果用阶中高的认知状态指称实体,则不恰当,见例(26)。此阶跟 Grice(1975)所说的量的原则是一致的。

(26) a. **I** bought a Toyota. (情景旧的)

b. **Ellen** bought a Toyota. (未用的)

c. **One of the people that work at Penn** bought a Toyota. (包含可推知的)

d. **A person that works at Penn** bought a Toyota. (附着全新的)

e. **A person** bought a Toyota. (全新的)

(Prince, 1981, 245)

其二,此阶跟言者对听者大脑中信息的假设相关联,不能理解成某一类名词在语篇中出现的相对概率。譬如,未用的比可推知的在阶中位于更高的位置,而实际上多数语篇使用的可推知实体比未用的实体要多,就是因为言者假定听者不认识所谈论的实体。在句子“I got on a bus yesterday and the drive was drunk”中,假如言者恰好认识这个司机,知道他叫 Jake,但认为听者不认识他,那么也不会用

Jake 来取代 the driver,话语仍然是连贯的。如果言者知道听者认识这名叫 Jake 的司机,但仍用 the driver 来指称该实体,那么听者会认为这个司机不是 Jake;如果听者后来发现 the driver 就是 Jake,那么他会认为言者是在隐瞒信息。

其三,在非正式会话语篇中,句子主语倾向于由熟悉阶中熟悉度高的实体充当。言者可利用很多构式使熟悉阶中熟悉度低的实体不出现在主语位置,如 there be 句型、it 分裂句、左移位、关系句和流水句等。

根据 Prince,口语和书面语篇存在以下几个不同点:其一,不同于口语,书面语中的推知是高度的元语言推知(metalinguistic inferencing)。例如:

(27) The late Uriel Weinreich (1966:399) observed: "Whether there is any point to semantic theories which are accountable only for special cases of speech—namely humorless, prosaic, banal prose—is highly doubtful." The purpose of this chapter is to generalize Weinreich's statement, and to remove the qualification: linguistic theories accountable only for such cases of speech cannot be consistently justified.

(pp. 247-248)

在例(27)中,很容易推知 Weinreich's statement 指的是上文引号里面的句子,但不是很容易推知 the qualification 指的是 whether 和 is doubtful。

其二,书面语中,有很多非常抽象的实体,语篇显得非常复杂。把一个命题引入语篇后再以实体的形式提及是一回事,而直接把命题作为一个实体导入语篇是另一回事。例如:

(28) "Tell—can you hike Jane up and get her—go in the garage and you'll find a stool or something for her to get on and then hike her through the kitchen window." So that's what they did.

(p. 238)

(29) That the burden of proof lies with the advocate of the relevance of concern with such questions in linguistics today, does not reflect the nature of language, but the limitations of current linguistics.

(p. 248)

例(28)是口语语篇，命题信息 go in the garage and you'll find a stool or something for her to get on and then hike her through the kitchen window 导入语篇后，然后用代词 that 以实体的身份再次提及。例(29)是书面语语篇，命题 That the burden of proof lies with the advocate of the relevance of concern with such questions in linguistics today 直接以话语实体的身份导入语篇。

其三，书面语中，包含型可推知实体数量大增。跟此相关的是，未用实体和可推知实体之间的界线模糊。口语语篇中不存在此现象，实体对听者来说要么是旧的，要么是未知的，要么是可推知的。

其四，在口语和书面语篇中，推知都需要文化假设(cultural assumption)，但两种语篇中的推知在本质上存在差异。书面语篇中的推知高度复杂、抽象。例如，Doors have knobs(门有把手)和 Notions are such that there is a burden on someone of proving them(要证明一个观点对一个人来说有难度)这两个推理中，后者复杂、抽象。

其五，分析书面语篇棘手的地方不是实体的抽象性而是实体或者说指称语的复杂性。书面语中，很多实体是由实体和特征组成，这些组成成分本身又很复杂。

最后，跟口语形成鲜明对照的是，书面语篇中仅仅一半的主语是旧的，八分之一的非主语是旧的。五分之二以上的主语是可推知的，而且大部分是包含型的。没有主语或者非主语是全新的，只有少数几个是未用的。书面语篇中旧实体数量下降而复杂的可推知和包含型可推知实体数量上升。口语和书面语篇的共同点是，主语更有可能是旧的而不是可推知的，更有可能是可推知的而不是新的。

跟 Prince(1981)的研究结果一致，Cheshire & Williams(2002)也发现，首先，句子主语跟出现在主语位置上的实体的信息状态相关：绝大多数全新实体，即话语新且听者新实体，出现在非主语的位置，极少数出现在主语位置；旧实体、可推知实体和全新实体出现在主语位置和非主语位置上的相对比例跟 Prince 的发现一致。

其次，Cheshire & Williams 发现了会话中导入全新实体的四种策略：避开句首(initial position avoidance)、运用共知(common ground claim)、扩展名词(NP expansion)和犹豫提示(hesitation cues)。顾名思义，避开句首策略就是言者不在句首的、主语的位置导入全新实体，通常采用 there 存在构式、左移位、表存在的 have 构式等以避开句首位置。运用共知策略是指言者不是使用准确的语言明确指称某实体而是运用一些标记词，如 like、sort of thing、and stuff、and everything 等，来标明自己要指称的实体，听者需要根据双方共有的知识识别出言者真正要指称的实体。扩展名词策略是指言者为一个名词提供更多信息以便听者能够识别出要指称的实体,如把首字母缩略词全拼出来、名词后添加一个非限定定语从句等。犹豫提示策略是言者交际过程中使用 er、um 等表达引出陌生的话语实体。

Cheshire & Williams 还发现,性别影响信息包装方式。言者的性别对他们使用指称语有影响:男生比女生更注意对全新实体进行明确标示,提供更多信息,尽可能明确而且准确,关注话语指称意义的表达;而女生更倾向于使用光杆儿名词(bare NP)来指称全新实体,关注交际的情感因素。

2. 语言构式

Birner & Ward(1998)发现,表存在的 there be 句型的主语对听者状态敏感。充当主语的实体必须是听者新,如果主语是听者旧,那么句子就不恰当。如果主语是话语旧,也就是听者旧,自然句子也不恰当。例如:

(30) "*There's a warm relationship, a great respect and trust*" between [United Air Lines]'s chairman, Stephen M. Wolf, and Sir Colin Marshall, British Air's chief executive officer, according to a person familiar with both sides.

(p. 102)

(31) President Clinton appeared at the podium accompanied by three senators and Margaret Thatcher. # *Behind him there was the Vice President.*

(p. 103)

(32) President Clinton appeared at the podium accompanied by three senators and Margaret Thatcher. # *Behind him there was Thatcher.*

(p. 103)

(33) A: I'm home. Anything interesting happens today?

B: Not really. *There's the funniest-looking dog running loose somewhere in the neighborhood.*

(p. 103)

在例(30)中,a warm relationship, a great respect and trust 是听者新,句子恰当。例(31)中,the Vice President 是听者旧,句子不恰当。例(32)中,Thatcher 是话语旧、听者旧,句子不恰当。例(33)中,the funniest-looking dog 不是指听者知道的某一条特定的狗,是听者新,虽然是有定形式但是是恰当的。"听者新信息通常但不是必须由形态上无定的名词表达”，“有定名词只要表达听者新信息就可以出现在 there 句子中，是恰当的”(p. 104)。

3. 语篇单位

在 Prince(1981)的理论框架下，Ji(2007)比较了叙事性语篇中片段(episode)和次片段(subepisode)起点的语言结构，即片段和次片段首句的主语和位于主语之前的状语，包括副词、副词词组和状语从句。例如：

(34) a. (E) <The harbor boundaries for Paros> are marked by the Portes Islets, two large rocks about 15 meters high, the taller one, about two kilometers from shore, is topped with a navigation light...

b. (E) Down in the lounge, <a woman with a baby in the arms> screamed. Then the light went out...

c. (SE) Suddenly, <the friends> spotted a safety exit under the bridge, with a wooden ladder hanging from it. In the midst of shoving and pushing, Lajoie began to climb, followed by Desautels...

d. (E) Strolling through the streets of Paros, <Steve Parry> had just notified his crew of amateur sailors that they would have to spend an extra day on the island if the Force 8 wind kept up. "It'd be crazy to leave under these conditions," he said.

(p. 296)

片段(34a)中，段首句的主语 The harbor boundaries for Paros 是可推知的。片段(34b)中，段首句的状语 Down in the lounge 是可推知的，主语 a woman with a baby in the arms 是新的。次片段(34c)中，段首句的状语 Suddenly 是可推知的，主语 the friends 是旧的。片段(34d)中，段首句的状语 Strolling through the streets of Paros 是新的，主语 Steve Parry 是新的。

Ji 发现，片段首句的主语和位于主语之间的状语倾向于比次片段首句的主语和位于主语之间的状语传递更多的新信息，因为片段开始处需要创建故事的各种新背景(setting)，导入新实体。在片段和次片段起点处，可推知信息的比例都挺高，这些可推知信息在上下两个语篇单位之间起到一个桥梁的作用。

同样在 Prince(1981)的理论框架下，Virtanen(1992a,1992b)分析了语篇单位

标记词的信息状态，发现大的语篇单位(major textual unit)的标记词不如小的语篇单位(minor textual unit)标记词旧，即大语篇单位的标记词比小单位的标记词更新一些。这些特点在叙事性和空间描述性语篇中都成立。叙事性和空间描述性语篇单位标记词不同的地方是，叙事性语篇单位的标记词可能是未用的，甚至是全新的，用无定形式表达，而空间描述性语篇单位的标记词基本上是未用的，用有定形式表达。例如：

(35) a. One evening the woman found that there was a bit of milk left over after supper.
b. The cats sat still and stared at her. Then they all closed their big, round, yellow-green eyes.

(1992b, 305)

(36) Off Dalry Road in Orwell Place is Dalry House, a mid 17th-centruy mansion restored and somewhat altered in 1969 as an old people's day centre. The house is an oblong 3-storey block with 2 semi-hexagonal towers capped with ogee roofs; the one at the south-west corner is a 19th-century addition. Inside is a notable 17th-century ceiling. The house was built for the Chieslie family of Dalry.

(1992b, 305)

在叙事性语篇例(35a)中，主转换(major shift)的标记词 One evening 是全新的，而(35b)中次转换(minor shift)的标记词 Then 是可推知的。在空间描述性语篇例(36)中，主转换的标记词 Off Dalry Road in Orwell Place 是“包含型可推知+未用”，次转换的标记词Inside是可推知的。很明显，在例(35)和例(36)中，大的语篇单位的标记词比小单位的标记词更新，两种语篇单位标记词在信息状态上存在差异。

4. 小句

Loock(2007)把非限制性定语从句分为连续性非限制性定语从句(continuative appositive relative clause)、关联性非限制性定语从句(relevance appositive relative clause)、主观性非限制性定语从句(subjectivity appositive relative clause)，并在Prince(1992)的框架下分析了这三种从句的信息状态。

含连续性非限制性定语从句的句子通常出现在叙事性语篇中。从句的先行项一般是名词，动词一般表示过程。主句和从句叙述两件连续的事件，从句中会有then、now、later 等词，其他类型的从句无类似的状语。从句可以独立出来改写成一个独立的句子，也可以用一个连词把主句和从句连起来，改写成并列句。从句传递听者新信息，其先行项由听者旧或可推知实体充当。例如：

(37) a. Robinson College asks candidates to complete a questionnaire on their education background, which is then used to help decide whether they are offered a place.

b. Robinson College asks candidates to complete a questionnaire on their education background, and it is then used to help decide whether they are offered a place.

c. Robinson College asks candidates to complete a questionnaire on their education background. It is then used to help decide whether they are offered a place.

(pp. 340-342)

关联性非限制性定语从句一般出现在专有名词后面，为先行项补充信息，把先行项和语篇关联起来，这些补充的信息对一部分读者来说是必要的。从句是语篇为了避免提供信息过多或过少而折中的产物，使语篇既适合于对语篇内容有所了解的读者也适合于知之不多的读者。特别是在新闻语篇中，记者尽可能地扩大读者面，但不同的读者对新闻故事的了解程度存在差异，语篇尽力遵循关联原则(Sperber & Wilson, 1986; Grice, 1975)。主句传递的信息跟语篇话题相关，而从句则不是，因此主从句传递的信息不能互换。从句先行项多数是话语新，从句都是话语新，大约一半的是听者新，其他则不确定。例如：

(38) a. Republicans were projected to hold on to a narrow majority in the Senate, although Democrats were gaining seats. First Lady Hilary Rodham Clinton gave Democrats something to cheer, making history by winning a seat to represent New York in the Senate. The late Democratic governor of Missouri, Mel Carnahan, who died in a plane crash three weeks ago, also made history of a kind as the first dead man to win election to the US Senate. The state's acting governor said he would appoint Carnahan's widow to fill his seat although Republicans were expected to challenge the results.

b. # The late Democratic governor of Missouri, Mel Carnahan, who also made history of a kind as the first dead man to win election to the US Senate, died in a plane crash three weeks ago.

(pp. 350-351)

主观性非限制性定语从句表达言者的观点、评论或者判断等，使用情态动词、表评价的词汇表达主观信息，而主句表达客观信息。从句中可插入 I think、in my opinion、to me 等表达，而其他类型的非限制性从句则不行。该类型从句的先行项多数是话语旧。例如：

(39) a. The men's 4X100m team, who might not have qualified anyway, went out in the heats when they bungled a change-over, straying out of the prescribed area.

b. The men's 4X100m team, who I think might not have qualified anyway, went out in the heats when they bungled a change-over, straying out of the prescribed area.

(pp. 353-354)

(40) # Robinson College asks candidates to complete a questionnaire on their education background, which I think is then used to help decide whether they are offered a place.

(41) # The late Democratic governor of Missouri, Mel Carnahan, who I think died in a plane crash three weeks ago, also made history of a kind as the first dead man to win election to the US Senate.

例(39)中的主观性非限制性定语从句 who might not have qualified anyway 是言者的主观评论，使用情态词 might，可嵌入 I think，而例(40)和例(41)分别是连续性和关联性非限制性定语从句，不能嵌入 I think。

根据 Abraham(1991)，旧信息分为三大类：情景旧信息(situationally given information)、可推知旧信息(inferrablly given information)和话语旧信息(contextually given information)。情景旧信息指“话语参与者和话语情景中的凸显元素”，可推知旧信息指“言者(作者)可合理地预测听者(读者)根据共有文化知识或曾经共同的经历，包括交谈的内容，能推知的信息”，话语旧信息指“话语中已经存在的信息”。新信息(new information)是听者(读者)不知的信息。[10] 一种语言中用来连接两个因果关系的命题的词语有很多，交际中言者运用其中一个而不是另一个的原因是什么？Abraham 分析了小说、传记和学术语篇中的 because 和 because of 之间的差异，发现前者出现的频率远远高于后者出现的频率，但学术语篇中二者在比例上的差距小于其他体裁，这似乎已经表明二者在语篇中不是可以任意互换的而是受语用制约的，because 倾向于传递新信息而 because of 倾向于传递旧信息。

5. 写作

从信息包装的视角研究英语作为二语的作文与英语作为母语的作文存在的差异有助于写作教学。Allwright et al. (1988)发现母语者的作文与非母语者的作文在信息包装上存在着差异，并作了阐释。表回指的代词在非母语者的作文中充当主语的频率高于母语者的作文，名词在非母语者的作文中充当主语的频率则低于母语者的作文。母语者倾向于用名词作主语的原因或许是，名词可以指称新的、旧的以及介于二者之间的实体，因此在平衡语篇推进和上下文衔接上成为一个有力的语言手段。可推知实体在非母语者的作文中作主语的比例明显低于母语者的作文，但旧实体作主语的比例明显高于后者。作者使用可推知实体是遵循了交际的经济原则，即交际中不需要把所有的事情都表达出来，既迅速推进话语又不牺牲话语衔接。这既取决于作者对读者的能力和知识的正确判断又取决于作者对话语实体之间语用关系的暗示。暗示恰当的可推知实体可以出现在主语位置，这既保证了话语的衔接也省去了作者专门导入该实体的麻烦。善于写作的作者会充分采用这种很经济的方式展开语篇。

上述几家的研究表明，从听者的视角定义新、旧具有实际意义，事实上，有些语言构式受听者新、旧信息的制约。Birner & Ward(1998)发现，英语存在句的主语需要传递听者新信息。Mejias-Bikandi(1998)发现，西班牙语中从句虚拟语气跟听者旧信息相关。Prince(1981)和 Cheshire & Williams(2002)发现，句子主语跟出现在主语位置上的实体的信息状态相关：绝大多数听者新实体出现在非主语的位置，而极少数出现在主语位置。Loock(2007)发现，不同类别的非限制性定语从句传递不同的信息。譬如，在主句和非限制性定语从句叙述两件连续事件的句子中，从句传递听者新信息。

第三节　实例分析

1. 英语语篇

为了便于比较不同意义上的新、旧信息，我们仍以第一章里面的英文语篇为例,分析话语实体的听者状态及其在语篇中的分布。鉴于本书的主要目的是区分、比较不同意义的新、旧信息,语篇中实体的信息状态笼统地分为听者新和听者旧两大类。因为我们并不是语篇作者,所以分析实体的听者信息状态时我们推测作者产出语篇时是如何假设的并尽量给出合理的理由。实体的听者状态在文中作了标注。

(42) **Back to the LA routine! David Beckham(听者旧) shows off his tattoos in a black T-shirt as he(听者旧) grabs a smoothie after a SoulCycle class**

a. He's(听者旧) been back in the UK for a number of months, but David Beckham(听者旧) slipped back into the LA lifestyle pretty easily upon his return to Tinseltown.

b. The ex-footballer(听者旧) was spotted after a SoulCycle class, looking buff and showing off his tattoos in a black T-shirt, shorts and snapback.

c. Following the workout, David(听者旧), 39, headed to Juice Crafters, where he(听者旧) grabbed a smoothie and chatted with a few friends on Thursday.

d. David(听者旧) was joined by his family on Thursday where they were seen arriving at Los Angeles International Airport.

e. Harper(听者旧) was carried by her eldest brother Brooklyn(听者旧) who was clearly thrilled to be looking after her(听者旧).

f. The three-year-old(听者旧) cut a bright figure against the darkened airport as she(听者旧) smiled for onlookers while wearing a vibrant yellow dress.

g. The 16-year-old(听者旧) protectively held his little sister(听者旧) tightly as he(听者旧) carried her(听者旧) through the terminal, making sure she(听者旧) was safe and sound after their long-haul flight.

h. And it's clear Harper(听者旧) got her knack for style from her super-chic mother Victoria(听者旧), who followed behind her children looking as sartorially flawless as ever.

i. The 40-year-old singer-turned-fashion designer(听者旧) showed off her effortless elegance as she(听者旧) arrived at LAX with Harper, Brooklyn and her middle children Cruz and Romeo.

j. Displaying her lean figure, the wife of football star David Beckham(听者旧) sported a sleeveless draping black blouse which she(听者旧) tucked into a pair of designer skinny jeans.

k. The former Spice Girl(听者旧), who is rarely spotted in flats, added some height with a pair of black ankle boots.

l. Victoria(听者旧) completed her look by layering on a long black vest jacket which was detailed with white buttons and matching stitching.

m. The eclectic outerwear was also collared and fringed on one side on the front.

n. The brunette beauty(听者旧) appeared glam up with her hair styled straight, as her eyes were concealed with oversized black sunglasses.

o. Victoria(听者旧) wore minimal accessories, dashing on a couple metallic necklace while carrying a subtle orange clutch.

p. The only thing that didn't appear up to par was her lipstick, which seemed to be slightly rubbed off.

q. However the mother-of-four(听者旧) still appeared every inch the fashion icon as she(听者旧) strolled through the airport with her children.

r. The British bombshell(听者旧) recently returned from a work trip to Beijing, where she(听者旧) was on an Asian fashion tour for her self-named collection.

s. David(听者旧) had been in Miami, Florida on Tuesday.

t. Plans to develop an ambitious new MLS franchise are firmly in place, and David(听者旧) was on hand to discuss the mooted project with representatives in the US.

u. The former Manchester United and Real Madrid midfielder(听者旧) exited the offices of American delivery giant DHL with football agent and his best pal Dave Gardner, less than a day after flying into the coastal city from London.

v. David(听者旧) is looking to develop a new soccer team and a new stadium, close to the sweeping Miami coastline.

w. The ex-England captain(听者旧) revealed plans to launch a new \$25 million MLS franchise after exercising an option tied into the lucrative contract he(听者旧) signed after making a potentially risky move from Madrid to Los Angeles Galaxy in 2007.

x. But the development of a new stadium has hit a snag, with an adequate location yet to be approved; team management, name and kit colours have also yet to be finalized by Beckham(听者旧) and his fellow investors.[11]

(1)话语实体的听者状态

话语实体 David Beckham 在标题 David Beckham shows off his tattoos in a black T-shirt as he grabs a smoothie after a SoulCycle class 中虽然首次提及，但他是家喻户晓的足球明星，文章作者假定读者应该知道此人，即视为听者旧，用专有名词包装该实体。其在下面的段落中再提及都视为听者旧：(42a) He... David Beckham、(42b) The ex-footballer、(42c) David... he、(42d) David、(42s) David、(42t) David、(42u) The former Manchester United and Real Madrid midfielder、(42v) David、(42w) The ex-England captain、(42x) Beckham。文章作者假定读者知道 David Beckham，尽管用了描述性词语 The ex-footballer、The former Manchester United and Real Madrid midfielder、The ex-England captain 来指称，该实体仍视为听者旧。

英国足球明星 David Beckham 在英国家喻户晓，连他的孩子都频频出现在媒体上，他的女儿 Harper 作为一个话语实体在段落(42e)中首次提及，但视为听者旧，用专有名词来包装，在段落(42f)中用描述性名词 The three-year-old 再次提及，在段落(42h)中用 Harper 再次提及，仍视为听者旧。

同样，他的另一个孩子，即话语实体 Brooklyn，在段落(42e)中用名词首次提及，也视为听者旧，在段落(42g)中用描述性名词 The 16-year-old 和代词 he 再次提及，仍是听者旧。

David Beckham 的妻子 Victoria 在英国，甚至世界上，都是大名鼎鼎的媒体人物，该实体在段落(42h)中用名词 Victoria 首次提及，视为听者旧。在下面的段落中，该实体用名词或代词再次提及，视为听者旧，尽管再次提及时很多情况下用描述性名词来指称：(42i) The 40-year-old singer-turned-fashion designer、(42j) the wife of football star David Beckham... she、(42k) The former Spice Girl、(42l) Victoria、(42n) The brunette beauty、(42o) Victoria、(42q) the mother-of-four... she、(42r) The British bombshell... she。

(2)句子成分的听者状态

从句子成分的视角看，及物句和不及物句的主语和及物句的宾语的听者状态如何？在例(42)中，主语和宾语的信息状态如下：主语很少由听者新实体(10%或4/40)充当，倾向于由听者旧实体(90%或36/40)充当，或者说，绝大部分主语是听者旧。大部分宾语(75%或9/12)是听者新，很少一部分宾语(25%或3/12)是听者旧。很明显，主语倾向于由听者旧实体充当，而宾语倾向于由听者新实体充当。这并不意味着主语必须是听者旧，也不意味着宾语必须是听者新。例如：

(43) Harper was carried by her eldest brother Brooklyn who was clearly thrilled to be looking after her.

(44) her eyes were concealed with oversized black sunglasses.

(45) The 16-year-old protectively held his little sister tightly as he carried her through the terminal...

例(43)的主语 Harper 从话语的视角看是话语新,从听者的视角看是听者旧。例(44)的主语 her eyes 从话语的视角看是话语新,从听者的视角看是听者新(可能有读者把 her eyes 视为可推知)。在例(45)中,主语 The 16-year-old 和宾语 his little sister 都是话语旧而且是听者旧。

(3)听者新、旧实体的分布

从话语实体的视角看,听者旧和听者新实体是如何分布的?它们分别倾向于出现在什么位置上?听者旧实体(92%或 36/39)倾向于出现在主语位置上,极少(8%或 3/39)出现在宾语位置;听者新实体(69%或 9/13)倾向于出现在宾语位置上,少数(31%或 4/13)出现在主语位置。很明显,听者旧实体倾向于出现在主语位置而不是宾语;听者新实体倾向于出现在宾语位置而不是主语位置。

在第一章提到,英语句子遵循从旧到新的趋势,主语一般是旧话语实体充当。像例(43)中的 Harper,话语新但听者旧的实体可以任意出现在主语位置。显然,主语只要是听者旧就可以,而不管其是话语新还是话语旧。从实体的新、旧意义来看,英语句子(英语句子中一般主语在前,宾语在后)呈现从旧到新的趋势,而趋势中的"旧"是指听者旧而不是话语旧。

2. 汉语语篇

为了比较不同意义上的新、旧信息,为了揭示不同意义上的新、旧在语篇中的分布规律,我们仍以第一章里面的中文语篇为例,分析话语实体的听者状态及其在语篇中的分布。主要实体的听者信息状态在文中作了标注。

(46) **黄渤(听者旧)成功来自"软坚持"**

a. 5 月的电影档,黄渤(听者旧)除了在宁浩的《黄金大劫案》中客串了一个角色,还在管虎导演的《杀生》中担任主演,一如既往地扮演小人物。黄渤(听者旧)以《疯狂的石头》中的“黑皮”走红，一直走得就是小人物路线，不过，小人物也有大作为，2009年，黄渤(听者旧)正是凭着在电影《斗牛》中饰演的一个小人物而获得台湾金马奖最佳男主角奖，小人物黄渤(听者旧)一跃而成影帝。

b. 黄渤(听者旧)的经历足以说明，演技不是从学校学来的，而是从生活中磨砺出来的。

c. 这位金马影帝(听者旧)的履历上，有长长的一串经历：当过7年职业歌手，同时兼过8年编舞和舞蹈教练，组过乐队，办过工厂制过鞋，开过玩具店，做过两年配音演员……看到如此丰富多彩的履历，连他(听者旧)自己也乐了：“这个人(听者旧)怎么这么不靠谱啊!”

d. 说到“不靠谱”，他(听者旧)小时候就已初现端倪。黄渤(听者旧)的父母都在政府机关单位工作，姐姐生意做得很成功，父母希望他能够进清华或北大，但他(听者旧)“上学不能说差，是相当差”，与父母的期待相去甚远。母亲常常白天在单位训完人，下午就到老师办公室里低着头挨训。

e. 学生时代，难得几次受到表扬，大多与他会唱歌、跳舞有关。黄渤(听者旧)喜欢唱歌，多年后他(听者旧)笑说自己当时“青春萌动，对自己的认识不是太清楚”，走的是又唱又跳的偶像路线。高中开始，他(听者旧)就正式在歌厅唱歌，做“伴餐歌手”，刚开始一个晚上能挣15块，后来很快涨到了60块、80块，一个月下来能挣一两千，是当时父母收入的好几倍。发了工资之后，他(听者旧)假装淡定地把一摞钱拍在桌子上，父母才开始觉得，也许唱歌跳舞也可以成为孩子(听者旧)的饭碗。从此以后，黄渤(听者旧)每天晚上从歌厅回家，再也不用小心翼翼地开门，以免发出声响。

f. 那时候霹雳舞已经渐渐过时，电视上放的，大多是小虎队、迈克尔·杰克逊、麦当娜的歌，黄渤(听者旧)边看边学，边唱边跳，有了两套拿手节目。后来参加青岛的一个舞蹈比赛，被青岛健力美舞蹈学校的校长相中，力邀他(听者旧)当教练。

g. 他(听者旧)的那点绝活第一节课的上半截就教完了，后半截只好“复习”。回到家，黄老师(听者旧)开始发奋学习，自编自舞自学，现炒现卖，搬到课堂上，竟也没有穿帮。他(听者旧)当了8年的舞蹈教练，学生两三千，教师节时还能收到卡片。

h. 期间，黄渤(听者旧)开始参与歌厅的嘉宾演出，嘉宾比普通的驻唱歌手难度要大，不仅唱歌跳舞，还要负责串场主持，把场子搅热。

i. “一场15～40分钟，要求气氛特别好，简单鼓掌不行，必须唱到沸腾。”很快黄渤(听者旧)就总结出一套经验，屡试不爽。“在台上轻车熟路，怎么控制现场气氛。特别清楚第一首唱什么，观众有什么印象，中间说什么话，让大家和你有同样的感受，然后再唱个情绪特别高亢的，有个共鸣，第三首、第四首让大家 High 起来，最后温情一点，《朋友》之类的。”

j. 其间，黄渤（听者旧）搞了个组合“蓝色风沙”，带着乐队、伴舞队到处跑场子，现在的妻子小欧就是当时的一名伴舞。他们（听者旧）一群人通常摊开地图，觉得哪里好玩就杀到哪里。桂林、杭州、苏州是他们（听者旧）最先去的地方，他们（听者旧）赚过一些钱，也经常被人骗抢，生活中的唯一目标就是真正进入演艺圈。

k. 黄渤（听者旧）还写歌，他（听者旧）常坐在窗前，面朝大海，喝着小酒，小风一吹，文思泉涌。他（听者旧）给当时当红的歌手写过很多歌，这首是给王菲的，那首是为郭富城写的，但从来没有寄出去。“没用，后来自己就清楚了，还是有诸多原因，当时认为自己行，因为在那种环境里，其实差得很远。”

l. 黄渤（听者旧）的最后一站，是北京。在北京，他（听者旧）通过朋友窦鹏的关系，在王府饭店地下二层表演，同台的还有玩票性质的周迅。一场演出 200 块钱，除去房租，生活还算富足。但唱歌渐渐成了一种负担，有时在台上唱着歌，看着台下人喝着酒、划拳聊天，原来大家都是来听歌手唱歌，现在歌手成了背景，他（听者旧）渐渐开始怀疑起自己的生活。

m. 唱歌“再也带不来愉悦的感觉，你是为了一个目标，当目标不在时，你做这些还有什么意义”？那时候，他（听者旧）天一黑心情就不好，演出完心情就好了。

n. 一天早上，他（听者旧）上完厕所听见马桶“哗”的一声，突然觉得自己的青春就像这样，每天“哗”的一声，一天就过去了。刚好有朋友邀他（听者旧）回青岛建厂，于是，歌手黄渤（听者旧）摇身一变成了“黄代理”，每天西装革履，胳膊下夹着个公文包，不是跟车床打交道，就是在饭桌上跟人聊钢板轴承，每天喝得烂醉被司机扛上车送回家。

o. 渐渐地，腰包鼓起来了，肚子也起来了，“不好玩，除了挣点钱，其他任何快乐带不来，每天缠在事务性工作里，不是自己想要的”。他（听者旧）觉得这还不如唱歌好玩呢，至少唱歌的日子还有“哗”的一声响。

p. 2001 年，他（听者旧）的发小、演员高虎告诉他，导演管虎正在找一个会说山东话、长得不怎么帅的人演一部电影《上车，走吧》，黄渤（听者旧）把自己帅帅的演出照寄了过去，差点失去这次机会。首次触电，他（听者旧）就演的男二号，一个公车售票员。这部只拍了 11 天的短片获得了很多奖项，黄渤（听者旧）生平第一次走上了红地毯，进到颁奖礼的会场一看，这边坐着巩俐，那边是周星驰，之前的梦想竟这么快就实现了。

q. 他(听者旧)开始想转行做演员,把很多没搞明白的事情搞清楚,比如,他(听者旧)一直不明白导演只负责喊"开始""停",为什么人人都尊重他?于是他(听者旧)决定报考北京电影学院,一考不中,第二年他(听者旧)考上了两年制的配音专业。

r. 两年大学时光,黄渤(听者旧)很有自知之明,他(听者旧)知道自己年纪不小、基础还不怎么样,开始努力学习。毕业后,他(听者旧)成为抢手的配音演员,央视的译制片、影视剧,最忙的时候他(听者旧)一天配一部。

s. 如果不是宁浩,黄渤(听者旧)也许就一直做他的配音演员了,偶尔去唱唱歌,过过瘾。2006年宁浩从《生存之民工》中看到黄渤(听者旧)时,还以为是导演管虎从工地上拉来的民工,宁浩把"黑皮"这个大龙套给了他(听者旧)。接下来,他(听者旧)成了黄金配角,演了不少苦戏,连着三个圣诞节都在钻下水道,拍《斗牛》的时候,每天都在狂奔,四个月跑坏了38双鞋,灯光师一看到他(听者旧),心里一咯噔,就知道又是一部很苦的戏。他(听者旧)笑称自己已经成了"苦戏代言人"了。

t. 兜兜转转,黄渤(听者旧)的人生又回到了演艺的轨道上来,他(听者旧)称之为"软坚持",在细节上妥协,大方向上不变,他(听者旧)终归都没有脱离演艺这一行。

u. 总是演小人物,有人评价黄渤(听者旧)是国内无可取代的类型片演员,他(听者旧)也承认,"好多剧本来找的时候都跟我说,这个角色非你莫属。我觉得这就是你慢慢给人留下的印象。这个也是有好有坏,坏的方面这也是一种限制,有些角色他根本想都不往你这方面想"。

v. "一个白马王子去拯救公主的戏,如果你不让黄晓明去演,非要让我去,我勉强也能去。白马王子也有很多种……"还没说完,黄渤(听者旧)自己就笑得喘不上气了。[12]

(1)话语实体的听者状态

黄渤在中国可以说是家喻户晓的电影明星,文章作者假定读者知道他,即视之为听者旧实体,在语篇标题《黄渤 成功来自"软坚持"》中直接用专有名词来包装,在下文中再次提及仍是听者旧:(46a)黄渤……黄渤……黄渤……小人物黄渤、(46b)黄渤、(46c)这位金马影帝……他、(46d)他……黄渤……他、(46e)黄渤……他……他……他……孩子……黄渤、(46f)黄渤……他、(46g)他……黄老师……他、(46h)黄渤、(46i)黄渤、(46j)黄渤、(46k)黄渤……他……他、(46l)黄渤……他……他、(46m)他、(46n)他……歌手黄渤、(46o)他、(46p)他……黄渤……黄渤、

(46q)他……他……他……他、(46r)黄渤……他……他、(46s)黄渤……他……他、(46t)他……他、(46u)黄渤……他、(46v)黄渤。

话语实体“黄渤”再次提及时，有的用全新的名词，如“孩子”“黄老师”等，但该实体仍视为听者旧。有些话语实体在上文中未明确提及，但可以根据上文的信息推理出来，视为听者旧，也就是所谓的可推知实体。例如：

(47) 2006年宁浩从《生存之民工》中看到黄渤时，还以为是导演管虎从工地上拉来的民工，宁浩把“黑皮”这个大龙套给了他。接下来，他成了黄金配角，演了不少苦戏，连着三个圣诞节都在钻下水道，拍《斗牛》的时候，每天都在狂奔，四个月跑坏了38双鞋，灯光师一看到他……

在例(47)中，根据文中的“导演”“配角”“戏”“拍《斗牛》”等信息，“灯光师”是可推知的实体，视为听者旧。

(2)句子成分的听者状态

从听者的视角看，主语、宾语和不及物动词的主语等句子主要成分的信息状态如何？我们把及物动词的施事论元视为主语，受事论元视为宾语。不及物动词有唯一的论元，视为主语(参见第一章)。对例(46)中的句子成分的统计显示，不及物句的主语倾向于由听者旧实体(84%或32/38)来充当，而不是听者新实体(16%或6/38)。及物句的施事倾向于由听者旧(97%或69/71)实体充当，而不是听者新(3%或2/71)实体。及物句的受事宾语倾向于由听者新(68%或54/79)实体充当，而不是听者旧(32%或25/79)实体。少数受事是听者旧，这并不说明受事不能由听者旧实体充当，如例(48)～(50)。

(48) 他的那点绝活第一节课的上半截就教完了，

(49) (黄渤)差点失去这次机会。

(50) 于是他决定报考北京电影学院，

在例(48)和例(49)中，受事分别是“他的那点绝活”“这次机会”，从话语的视角看，都是话语旧；从听者的视角看，都是听者旧。例(50)的受事“北京电影学院”，是话语新，但是是听者旧。

(3)听者新、旧实体的分布

前一章提到，话语新实体倾向于由及物句宾语导入话语。从听者的角度看，听者新和旧实体倾向于出现在主语、宾语还是不及物句主语位置上？是如何分布的？听者新实体可以出现在及物句的主语(3%或2/62)、宾语(87%或54/62)和不及物句的主语(10%或6/62)位置上。很明显，听者新实体倾向于出现在宾语位置上。听者旧实体可以出现在及物句的主语(55%或69/126)、宾语(20%或25/126)和不及物句的主语(25%或32/126)位置上。很明显，听者旧实体倾向于出现在及物句主语位置上。虽然听者旧实体出现在宾语位置上的频率低，但不能认为旧实体不能出现在宾语位置上。总之，听者新实体倾向于由及物句宾语导入话语，听者旧实体可自由充当句子的主语和宾语。

(4)听者新、旧实体与词序

及物句的受事可以出现在动词前面或后面，动词前和动词后的受事宾语在信息装状态(听者新、旧)上有什么特点？词序是否跟听者新、旧信息相关？从句子成分的视角看，动词前的受事倾向于由听者旧实体(80%或12/15)充当，动词后的受事倾向于由听者新实体(80%或51/64)充当。从话语实体的视角看，听者新实体倾向于出现在动词后的受事(94%或51/54)位置上，听者旧实体对动词前受事(48%或12/25)或动词后受事(52%或13/25)没有倾向。总之，动词前的受事宾语倾向于由听者旧实体充当，听者新实体倾向于出现在动词后的受事宾语位置上，听者旧实体可自由充当动词前和动词后的受事宾语。动词不能作为听者新、旧实体的分界线。

绝大多数(81%或64/79)受事宾语出现在动词后面，少数(19%或15/79)出现在动词前面。深入分析发现，动词前的受事宾语有一定的特点。听者新的动词前受事宾语一般由“把”导入话语。例如：

(51) 2001年，他的发小、演员高虎告诉他，导演管虎正在找一个会说山东话、长得不怎么帅的人演一部电影《上车，走吧》，黄渤把自己帅帅的演出照寄了过去，差点失去这次机会。

(52) 他开始想转行做演员，把很多没搞明白的事情搞清楚，比如，他一直不明白导演只负责喊“开始”“停”，为什么人人都尊重他？

在例(51)和例(52)中，“自己帅帅的演出照”和“很多没搞明白的事情”都是听者新实体,由“把”导入话语。

听者旧的动词前受事一般出现在句首,出现在被动意义的句子里面。譬如,在例(53)～(57)中,受事“黄渤”“他的那点绝活”“他们”“这首/那首歌”“之前的梦想”都是听者旧,出现在句首。

(53)(黄渤)被青岛健力美舞蹈学校的校长相中,

(54)他的那点绝活第一节课的上半截就教完了,后半截只好“复习”。

(55)(他们)也经常被人骗抢,

(56)(这首/那首歌)从来没有寄出去。

(57)之前的梦想竟这么快就实现了。

不及物句的主语有的位于动词前,有的位于动词后。问题是,动词前和动词后的主语是否跟听者新、旧信息状态有关系?从实体的视角看,听者旧实体倾向于出现在动词前的主语(87%或28/32)位置上,而听者新实体可以出现在动词前,也可以出现在动词后。从句子成分的视角看,动词前的主语倾向于由听者旧实体(87%或28/32)充当,而不是听者新实体(13%或4/32)。少数不及物句的动词前的主语是听者新实体,并不意味着不可以。例如:

(58)小风一吹,

(59)渐渐地,腰包鼓起来了,

(60)肚子也起来了,

在例(58)～(60)中,主语分别是“小风”“腰包”“肚子”,都是听者新实体。

动词后的主语可由听者新实体或者听者旧实体充当。很多表示“存现”的不及物句的主语由听者旧实体充当,出现在动词后面。例如:

(61)同台的还有玩票性质的周迅。

(62)这边坐着巩俐;

(63)那边是周星驰,

在例(61)～(63)中,句子主语分别是“周迅”“巩俐”“周星驰”,从话语的视角看,都是话语新,但是从听者的视角看,都是听者旧。

有的表示“存现”的不及物句的主语甚至是话语旧而且听者旧。譬如，在例(64)中，动词“有”的主语“‘哗’的一声响”在上文已经提到，是话语旧、听者旧。

(64) 一天早上，他上完厕所听见马桶“哗”的一声，突然觉得自己的青春就像这样，每天“哗”的一声，一天就过去了……他觉得这还不如唱歌好玩呢，至少唱歌的日子还有“哗”的一声响。

第四节 话语新和听者新

话语新、旧和听者新、旧都属于实体意义上的新、旧，研究的对象都是实体，但定义的视角不同，是两种不同意义上的新、旧。实体在话语层面上的状态可能不同于其在听者大脑中的(假设的)状态，听者已经知道的信息在话语中可能是新的，也可能是旧的，在话语层面上的新信息对听者来说可能是旧，也可能是新的。根据Prince(1992)，实体听者状态和话语状态在某种程度上是相互独立的：话语新实体表明不了它在听者层面上的信息状态，即表明不了话语新实体在听者层面上是新的还是旧的；听者旧的实体也表明不了其话语状态，即表明不了它是话语新的还是话语旧的；话语旧的实体应该是听者旧；听者新的实体理应是话语新。实体的听者状态和话语状态交叉，会出现4种可能性：听者旧但话语新(从听者的视角看，实体是旧的，但从话语的视角看，该实体是新的)、听者旧且话语旧(不管从听者的视角看，还是从话语的视角看，实体都是旧的)、听者新且话语新(不管从听者的视角看，还是从话语的视角看，实体都是新的)、听者新但话语旧(从听者的视角看，实体是新的，但从话语的视角看，该实体是旧的)。Prince认为，第四种情况不存在，因为实体既然是话语旧，听者应该记得该实体，其不是听者新。

第五结 小 结

话语实体的认知状态可以从听者的视角来定义：言者假定听者已知的视为旧，而假定听者未知的则视为新。此种意义上的新、旧是言者对实体在听者大脑中的假定状态。根据自己的假设，言者对实体进行包装：听者旧实体一般由有定形式来表达，而听者新实体一般由无定形式表达。实体的听者状态和有定性之间的对应并不是完全对应：有定名词也可以表达听者新实体，而无定名词，如类指，也可以表达听者旧实体。(Prince，1992)

Ariel(1990)、Gundel et al. (1993)等很多语言学家认为实体认知状态或可及度和指称形式相关，提出了认知状态和指称形式对应关系的阶，认为零代词、代词、指示词和名词词组可以用来表达认知状态不同的实体，认为实体可及度越高，其指称语越简略、越短，可及度越低，指称语越复杂、越长。事实上，实体的认知状态只是众多影响其指称形式的因素之一，而不是唯一因素，指称语的选择受认知状态、移情等诸多语用因素的影响。在实际交际中，出于各种语用目的，交际者并不是严格按照实体的可及度选择形式，不是完全合作的。实体的认知状态跟其指称语相关，但不是因果关系、一一对应关系。根据实体的指称形式来判断实体的认知状态也就不可避免地陷入一种不合逻辑、不科学的循环论证。

很多学者从听者的视角定义实体的认知状态。Prince(1992)非常明确地提出，从听者的视角定义实体的认知状态，言者假定在听者大脑中已经有表征的实体视为听者旧，言者假定听者未知的实体视为听者新。Ariel(2006)的可及理论把旧实体分为低、中和高可及实体三大类。Gundel et al. (1993)的已知阶理论认为，自然语言中有 6 种认知状态跟指称形式相关。Lambrecht(1994)根据言者对实体在听者大脑中的假定状态区分实体，区分了可识别度和激活度两个概念。这两个概念都属于记忆和意识范畴，指话语实体在交际时刻在交际者大脑中的假设状态。可识别度指言者对话语实体在听者大脑中的假设状态；激活度指言者对可识别的实体在听者大脑中的假设状态。Brown(1983)对 Prince(1981)进行了修订，把全新和可推知实体视为一类，都是新的，把旧实体分为话语旧和情境旧两类，把话语旧实体进一步分为当前旧和置换旧两类。Chafe(1994)和 Firbas(2007)都是从听者的视角界定认知状态，但跟其他从听者视角定义新、旧的理论存在巨大差异。

各家听者新、旧理论在新、旧定义和分类等方面存在很大的差异。有的理论只关注听者旧实体，把旧实体分成多个级别；有的理论主张实体的二分法，把实体笼统地分为新和旧两大类。实体认知状态二分法有明显的局限性，因为实体在听者大脑中不是处于泾渭分明的两种状态，不是要么新，要么旧。因此，有很多学者主张实体应该三分，甚至更多，新、旧实体都可以下分为多个类别。实体的听者状态是二分、三分还是更多，已有的信息理论各抒己见，没有达成共识。鉴于“认知状态的类别和数量在理论上没有上限”(Lambrecht, 1994, 100)，我们认为，在实际研究中实体听者状态的分类应根据研究需要作取舍。

研究实体的听者层面上的信息状态是一件有意义的事情。意义在于，从听者的角度研究话语中的信息包装能揭示一些语言构式的语用特征。事实上，已有的研究表明，有些语言构式对实体的听者状态敏感。譬如，Birner & Ward(1998)发现，英语存在句的主语需要传递听者新信息。Mejias-Bikandi(1998)发现，西班牙语中从句虚拟语气跟听者旧信息相关。Prince(1981)和Cheshire & Williams(2002)发现，句子主语跟出现在主语位置上的实体的信息状态相关，即绝大多数听者新实体出现在非主语的位置上，极少数出现在主语位置上。Loock(2007)发现，不同类别的非限制性定语从句传递不同的信息：连续性非限制性定语从句传递听者新信息，其先行项由听者旧或可推知实体充当；关联性非限制性定语从句的先行项多数是话语新，从句都是话语新，大约一半的是听者新；而主观性非限制性定语从句的先行项多数是话语旧。

研究实体的听者状态面对的挑战在于，话语分析者如何确定实体的听者状态，毕竟分析者不能钻到言者大脑里查看言者在说话时刻是如何假设实体在听者大脑中的状态的。解决这一挑战的可行的办法之一是，在控制条件下产出语料，话语分析者能判断实体的认知状态，知道哪些实体是首次导入话语但交际双方已共知，哪些实体是首次导入话语但不为听者所知，哪些实体是已经导入话语的等(史成周，2015)。

我们的语料表明，在英语中，主语倾向于由听者旧实体来充当，而宾语倾向于由听者新实体来充当；听者旧实体倾向于出现在主语位置上，而不是宾语，听者新实体倾向于出现在宾语位置，而不是主语位置。在汉语中，不及物句的主语倾向于由听者旧实体充当，而不是听者新实体。及物句的施事主语倾向于由听者旧实体充当，而不是听者新实体，受事宾语倾向于由听者新实体充当。听者新实体倾向于由及物句宾语导入话语。动词前的受事宾语倾向于由听者旧实体充当，听者新实体倾向于出现在动词后的受事宾语位置上。动词不能作为听者新、旧实体的分界线。在不及物句中，听者旧实体倾向于出现在动词前的主语位置上，而听者新实体可以出现在动词前，也可以出现在动词后。在不及物句中，动词前的主语倾向于由听者旧实体充当；动词后的主语可由听者新实体或者听者旧实体充当。很多表示“存现”的不及物句的主语由听者旧实体充当。

注释

① Harris (1751, 215-216)较早论述了有定/无定形式跟实体认知状态之间的关系：“冠词 a 涉及我们的初次感知(primary perception)，表明个体是未知的(unknown)；the 涉及我们的二次感知(secondary perception)，表明个体是已知的(known)。举例来说，我看到一个乞丐从我旁边经过，之前我从未见过这个人。我说什么？There goes A Beggar, with A long Beard. 这个人

离开后，一周后又回来了。我说什么？There goes THE Beggar with THE long Beard. 只是冠词变了，其余的都没变。”

（转引自 Brown & Yule，1983，170）

② Full name + modifier > full name > long definite description > short definite description > last name > first name > distal demonstrative + modifier > proximate demonstrative + modifier > distal demonstrative + NP > proximate demonstrative + NP > distal demonstrative (-NP) > proximate demonstrative-NP > stressed pronoun + gesture > stressed pronoun > unstressed pronoun > cliticized pronoun > verbal person agreement markers >zero

③ But all in all, the correlation with length is quite significant, [...] In any event, the Accessibility Marking Scale is only meant to give the reader a rough idea about the sort of choices speakers can make. Actual choices take into account the specific discourse, the particular content conveyed, etc. (Ariel, 1994, 30)

④ [...] the form of referring expressions, like such other aspects of language as word order and sentence intonation, depends on the assumed cognitive status of the referent, i. e. on assumptions that a cooperative speaker can reasonably make regarding the addressee's knowledge and attention state in the particular context in which the expression is used.

(Gundel et al., 1993, 275)

⑤ The Givenness Hierarchy's main premise is that "different determiners and pronominal forms conventionally signal different cognitive statuses (information about location in memory and attention state), thereby enabling the addressee to restrict the set of possible referents."

(Gundel et al., 1993, 274-275)

⑥ Givenness Hierarchy

in focus >	activated >	familiar >	uniquely identifiable >	referential >	type identifiable
it	*SHE*, *this/that*, *this N*	*that N*	*the N*	indefinite *this N*	*a N*

in focus:	associate representation in focus of attention
activated:	associate representation in working memory
familiar:	associate representation in memory
uniquely identifiable:	associate unique representation by end of NP
referential:	associate representation by end of sentence
type identifiable:	associate type representation

(Gundel et al., 2010, 1771)

⑦ Lambrecht(1994, 77)借用了 Chafe(1976)的可识别度，认为影响话语实体指称形式的不是听者是否知道或者熟悉该实体，而是能否从众多可能的实体中识别出来指称语真正指称的那个实体。

⑧ Dahl 对听者新、旧实体的定义及包装方式的论述如下：

[...] make a distinction between concepts which are known to the addressee but which must be retrieved from his long-term memory and concepts which are totally new to him. For the latter case, the term "new" or "unknown" is indeed appropriate. Whereas the distinction between on-stage and off-stage concepts is important for the assignment of stress (or, according to Chafe, of high and low pitch), the distinction between KNOWN and UNKNOWN concepts is above all relevant for the choice between definite and indefinite noun phrases. That is, known concepts—whether they are on-stage or off-stage—are referred to with the help of definite noun phrases, and unknown concepts are introduced—at least in many cases—by indefinite noun phrases.

(Dahl, 1976, 41)

⑨ Dahl 对在台和离台的定义如下：

[...] there are many good insights to be obtained from Chafe's 1974 paper. I'll try to formulate the main idea in lightly different terms. When an addressee interprets a certain utterance, he makes use of a number of concepts, generic or individual. Some of these concepts may be present in his consciousness already (they are stored in his short-term memory or whatever corresponds to "consciousness"), some must be activated, i. e. retrieved from some deeper place in his mind (such as his long-term memory). In making the utterance, the speaker makes a hypothesis about what concepts must be activated and what concepts are already present. We need some terms to refer to this distinction, so let us talk about ON-STAGE CONCEPTS and OFF-STAGE CONCEPTS, with the theater metaphor that has often been used in this connection.

(Dahl, 1976, 40)

⑩ Abraham 对新、旧信息的定义：

[...] given information was defined as including three possible types. "Situationally given information" encompassed the discourse participants as well as the salient (topical) elements of the discourse setting. [...] A second possible type was "inferrablly given information" which encompassed information that the speaker/writer might reasonably expect the hearer/reader to be able to infer on the basis of either shared cultural knowledge or previously shared experience, including conversation. [...] The third possible type allowed for was "contextually given information", which encompassed information already present in the discourse model, that is, the model of the discourse being constructed by the hearer/reader.

"New information" [...] was defined as totally new information, which the hearer/reader could not possibly know, by virtue of the fact that it is not already present in the discourse model, either at the local level or at the discourse level.

(Abraham, 1991, 330-331)

⑪ Flint, H., Back to the LA routine! David Beckham shows off his tattoos in a black T-shirt as he grabs a smoothie after a SoulCycle class,2015 年 3 月 28 日,http://www.dailymail.co.uk/tvshowbiz/ article-3015853/David-Beckham-shows-tattoos-black-T-shirt-grabs-smoothie-SoulCycle-class.html? ITO=1490&ns_mchannel=rss&ns_campaign=1490,2016 年 6 月 28 日。

⑫ Kgold:《黄渤 成功来自"软坚持"》,《亚洲新闻人物》,2012 年 9 月 22 日,http://www.inventic.net/2012/Entertainment_0922/1245.html,2016 年 6 月 28 日。

第三章　词项新和词项旧

话语实体可以区分新、旧,指称实体的语言形式也可区分新、旧。词项新、旧指表达话语实体的语言形式或者说词项本身的信息状态。简单地讲,词项在上文提及过的视为旧的,首次导入话语的视为新的。各家信息理论中,词项的信息状态一般分为词项新和旧两大类,词项的新、旧容易确定。区分词项新、旧的意义在于,像话语实体新、旧一样,词项新、旧也影响话语实体是否重读等包装方式。跟话语新、旧,听者新、旧的信息理论一样,各家词项新、旧理论在定义的明确、详细程度等方面不尽相同,有的明确区分实体和指称语的信息状态,有的虽然没有明确使用术语词项新、旧,但已经涉及新、旧词项在语音上的包装方式。

第一节　词项新和词项旧定义

1. Chafe

Chafe(1974, 124)特别强调概念(concept)或实体(referent)导入话语后,其认知状态跟指称这个实体的语言形式无关。

(1) a. I just found some books that belong to Peter.
b. I wish I knew where Peter's living now.
c. I wish I knew where that guy's living now.

(p. 124)

根据 Chafe,在例(1a)中,概念 Peter 在听者意识中被激活,这个概念会在大脑中存在一段时间，在下文中再次出现时，其就是旧的(given)。因此，例(1b)中的名词Peter激活的概念或者实体是旧的。他特别指出，名词 Peter 表达的概念是旧的而不是 Peter 这个词本身。同一个概念或实体有很多方式来指称。就像例(1b)中的Peter(或者代词 he)一样，例(1c)中的 that guy 承载低音(low pitch)。Chafe 以下面的例子进一步说明自己观点：

(2) a. When Columbus returned from America, he was much honored by the King and Queen.

b. One evening the explorer was invited to dinner by the royal couple.

(p. 124)

Chafe 认为，假如例(2)中的两句话是一个故事的开端，那么 Columbus 在例(2a)中是新信息(new information)，要重读，例(2b)中 the explorer 只是一种不同的表达方式，回指上文已激活的实体 Columbus，因此弱读。同理，the King and Queen 在例(2a)中被激活，所以例(2b)中的 the royal couple 弱读，但例(2b)中的 dinner 重读。

2. Büring

根据 Büring(2007)，句子中的新信息(new material)是焦点，旧信息(given material)不是焦点部分；对应问句中特殊疑问词的成分是焦点。陈述句中的焦点通常承载重音。一个词项(lexical expression)不重读表明它不是焦点，或者说，是旧信息。旧(givenness)不能简单等同为熟悉的话语实体(familiar discourse referent)。

(3) a. Did you see Dr. Cremer to get your root canal?

b. Don't remind me. I'd like to STRAngle the butcher.

c. Don't remind me. I'd like to STRANGLE the BUTcher.

(4) a. Why do you study Italian?

b. I'm MArried to an Italian.

(p. 448)

例(3b)中，名词 the butcher 不重读，回指例(3a)中的 Dr. Cremer。名词 the butcher在例(3c)中重读，但不能理解成回指例(3a)中的 Dr. Cremer，否则导致问句和答句不连贯，前言不搭后语。在例例(4b)中，名词 Italian 不重读，因为它在例(4a)中已出现,是旧信息,尽管它不是回指。

Büring 还指出,一个词项是旧的,并不是说这个词本身必须在上文提及,而是说只要提及它的下义词即可。

(5) I want to learn the violin, because I LIKE string instruments.

(p. 449)

在例(5)中,like 是焦点,承载重音;句中的 violin 预设 string instruments,后者是前者的上义词,是旧的。

3. Riester & Baumann

词项新、旧理论(Baumann & Riester, 2012; Baumann & Riester, 2013; Baumann & Schumacher, 2012; Riester & Baumann, 2011)是信息理论的最新进展,对口语中词的包装方式有很强的解释力。

在英语中,新信息重读而旧信息弱读,不承载音高重音(pitch accent)。(Allerton, 1978; Baumann & Riester, 2013; Halliday, 1967; Ladd, 1980)但现有的信息理论不能解释例(3b)中的 the butcher 和例(4b)答句中的 Italian 都不重读的原因。

据 Baumann & Riester (2012, 120),例(3b)中的 the butcher 和例(4b)答句中的 Italian 涉及两种不同意义上的新、旧。这两种不同意义上的新、旧都对词项的韵律包装(prosodic realization)方式有影响。例(3b)中的 the butcher 不重读,因为它跟上文中的 Dr. Cremer 存在同指关系,是实体旧(referentially given)。例(4a)问句中的 Italian 指"语言",而答句(4b)中的 Italian 指"一个人",二者并不存在共指关系,答句(4b)中的 Italian 不重读,因为它跟问句中的 Italian 是同一个词,是词项旧(lexically given)。

指称旧实体的新词项尽管为它的先行项提供更多的信息或者说额外意义(additional meaning)(Firbas, 2007, 32),但在句子中并不重读(Büring, 2007, 448)。话语中前后出现两个相同的名词,指称不同的实体,后者虽指称一个新实体,但不重读。(Baumann & Schumacher, 2012, 362-363; Büring, 2007, 448)

(1)理论背景

据 Baumann & Riester(2012),现有信息理论[主要以 Prince(1981)为例]存在以下不足:其一,话语分析者无法知道说话人(作者)大脑中进行的假设,判定实体的假定熟悉度几乎不可能。其二,有些所谓的可推知实体实际上是不可推知的。其三,有的情景里面的实体提及时,需伴随着说话人手势,而有的则不需要。其四,回指语被蕴含或代词化不是实体是旧的必要条件,语篇导入的实体的先行项不一定比回指语更具体、传递更多的信息(informative)。指称语不重读,实体才有可能被理解为是旧的,指称语才能被理解为是回指的。

(6) Ole was a brilliant athlete. The local press had nothing but praise for the tennis player.

(Baumann & Riester, 2012, 130)

例(6)中的 the tennis player 若弱读,回指 Ole;若重读,听者不会把它理解为是回指上文的 Ole,或者说,不会把它理解为旧实体,反而会琢磨说话人指的是哪个 tennis player。

其五,词项蕴含或反复都不能保证两个词项存在共指关系,单纯建立在是否共指基础上的新、旧概念无法解释为什么有的非共指名词不重读,而有的重读。

(7) On my way home, a dog barked at me. It made me think of ANna's dog.

(p. 131)

(8) On my way home, a dog barked at me. It made me think of Anna's BOYfriend.

(p. 132)

例(7)中第二个 dog 和第一个 dog 分别指称不同的实体,但第二个 dog 并不重读。例(8)中 boyfriend 和上文 a dog 分别是指称不同的实体,但 boyfriend 重读。

基于 Schwarzschild(1999)的理论,Baumann & Riester(2012)提出了更详细的实体新、旧(referential newness/givenness)和词项新、旧(lexical newness/givenness)定义。前者指话语实体的信息状态,后者指的是指称实体的词语(word)的信息状态,包括动词、形容词等。

区分实体新、旧和词项新、旧的理论假设是,不同意义上的信息状态对韵律都有影响。(Riester & Baumann,2011, 114)要充分分析口语中的一个词项的信息状态，须在实体和表达实体的词汇两个不同的层面上展开。这两种不同意义上的新、旧都影响着词项的韵律特征。(Baumann & Riester，2012，119；Baumann & Schumacher，2012，362)该理论假设也得到了实证上的支持。(Baumann & Schumacher，2012，378)

(2)实体新和实体旧

Baumann & Riester(2012，138)把实体的信息状态分为11小类[①②③]。

a. 旧实体(r-given)指指称语跟先行项之间存在共指关系的实体

b. 情景旧实体(r-given-sit)指交际情境中的实体，特别是话语参与者，使用指示词

c. 置换旧实体(r-given-displaced)指上文已经提及，5个调群或小句之后又提及的实体

d. 环境实体(r-environment)指口语交际环境中的实体，提及实体可能伴有手势，使用指示词、指示代词

e. 桥接实体(r-bridging)指实体由有定名词导入，据上文脚本可推知，指称语不共指

f. 包含型桥接实体(r-bridging-contained)指可推知实体和触发语在同一个词组内

g. 未用但已知实体(r-unused-known)指通过有定名词首次导入语篇，根据形式能识别出，但听者已知的实体

h. 未用且未知实体(r-unused-unknown)指通过有定名词首次导入语篇，根据形式能识别出，但听者未知的实体

i. 下指实体(r-cataphor)指词项是下指的，所指实体在下文才能确定

j. 类指实体(r-generic)表示抽象的或类指的实体

k. 新实体(r-new)指通过无定名词首次导入语篇的非类指的具体的实体

a～h这8类实体都由有定名词包装；i和j类实体由有定或无定名词包装；k类实体由无定名词包装但不同于由无定名词包装的表类指的实体。据Riester & Baumann(2011，116)，在新和旧实体之间，把桥接实体单独区分为一类的原因有两个：其一，出于理论上的考虑；其二，实证研究发现桥接实体和新实体在韵律特征上不同，前者更倾向于承载低重音(low accent)而后者倾向于承载高重音(high accent)。区分桥接实体在理论上和实证上都有意义。

(3)词项新和词项旧

从词本身的视角定义新、旧为全面分析句子、话语的信息包装奠定了基础。(Riester & Baumann, 2011, 118)借用 Chafe(1994)的旧的(given)、可及的(accessible)和新的(new)等术语,根据词项(不包括代词)的活跃状态,Baumann & Riester(2012)在语篇层面上把词分为旧、可及和新词项三大类[④]。

旧词项指活跃的(active)词,包括三种情况:第一种情况是,语篇中先后出现的两个名词,后者跟前者字同而且义同,即同一个字反复;第二种情况是,后者跟前者字不同但义同,即同义词,譬如 lift 和 elevator;第三种情况是,后者跟前者是上下义关系或整体/部分关系。在上述情况中,后者视为词项旧。

(9) I met a man yesterday. The man told a story.

(p. 144)

(10) Bach wrote many pieces for viola. He must have loved string instruments.

(p. 145)

例(9)中第二个 man 跟第一个 man 是字同而且义同,是词项旧。例(10)中的 string instruments 跟 viola 是上下义关系,是词项旧。

话语中先后出现两个名词,如果后者跟前者字同但义不同(即同形异义词),后者不视为词项旧。譬如,语篇中前后出现的两个 ball,分别指称"一件事"和"一个物体",后者不视为词项旧。

可及词项指半活跃的(semi-active)词。话语前后出现两个名词,后者是前者的下义词,后者跟前者存在部分/整体关系,后者因脚本关系跟前者相关。在以上三种情况中,后者视为可及词项。前后两个名词相关但在词形、词义上的等级关系不明确,也视为可及词项。可及词项比其先行项提供额外的、更具体的信息。

(11) Bach wrote many pieces for string instruments. He must have loved the viola.

(p. 145)

(12) I walked into my hotel room. The ceiling was very high.

(p. 154)

例(11)中的 viola 是 string instruments 的下义词,是可及词项。例(12)中,the ceiling 是 hotel room 的下义词,而且 the ceiling 因脚本关系跟 hotel room 相关,是

可及词项。

新词项指不活跃的(inactive)词。一个词如跟上文出现的词在词形、词义上毫不相关,视为词项新。旧词项在五个调群(intonation phrase)或小句(clause)后再出现,视为词项新。词项新指的是词在话语层面上的新。(Riester & Baumann, 2011, 115)例如:

(13) I am looking for a friend. He owes me money.

(14) George came in. Mary likes George.

(15) The man who stole my wallet is very tall.

(Riester & Baumann, 2011, 115)

例(13)中的 a friend、例(14)中的第一个 George、例(15)中的 man 和 wallet 都是词项新,例(14)中的第二个 George 是词项旧。值得一提的是,例(13)中的 a friend 指一个具体的、欠钱的 friend,而不是泛指任何一个 friend。

(4)评论

Baumann、Schumacher 和 Riester 等人的词项新、旧理论对信息理论以及信息包装研究的贡献可归结为以下四点。

第一,提出了较完整的词项新、旧理论模式。该理论把词项新、旧跟实体新、旧两种不同意义的新、旧明确区分开来,提出了详细的定义,辅以丰富的例证。话语中的旧实体可以用新或旧词项来包装,新实体也可能用新或旧词项来包装;新词项可能包装新实体或旧实体,旧词项也可能包装旧实体或新实体。

第二,该理论的理论意义在于其弥补了现有信息理论的不足。现有的信息包装理论解释不了像例(4)中的新实体不重读的原因,而词项新、旧理论在理论上为这种现象提供了较满意的阐释。词项新、旧理论也向以往关于实体信息状态和韵律之间关系的论断,即新的、不活跃实体重读而旧的、活跃的实体不重读,提出了挑战。实体是否新和词项是否新都影响话语中词项是否重读。

第三,该理论的实践意义在于其为信息包装研究提供了一个新视角、新层面,拓宽了研究范围。以往的信息理论,如 Ariel(2006),注重实体认知状态和其指称语在形态句法(名词还是代词、有定还是无定)上的对应关系。要充分分析词项的信息状态,揭示信息包装的方式、规律,须把实体新、旧和词项新、旧区分开。

第四,该理论对汉语信息包装研究具有启迪作用。一般来说,同一个实体在话语中不可能一直用同一个形式来表达，而是用名词、代词和零代词等多种形式，甚至用不同语义的名词来指称，可能用一个隐喻的、借代的或注入言者情感的语言形式。譬如，话语旧实体“张三”可用名词“张三”、代词“他”或零代词来指称，也可能用“这只老狐狸”“这个老戏迷”或者“大嘴”等描述性的、跟“张三”不同的新名词来指称。名词“张三”和这些新名词都可以回指上文已经导入的实体“张三”，但后者传递了新的词汇信息等；或者说，后者虽实体旧但词项新，而前者不但实体旧而且词项旧。从另一个视角看，话语中同一个语言形式，有时甚至连语义也相同，也可能指称不同的实体。例如：

(16) 他买了一辆宝马，我也买了一辆(宝马)。

例(16)中，第二个“宝马”跟上文的“宝马”不是共指，而是指称另外一个全新的实体，但其语言形式是旧的，其弱读，甚至可省略。显然，区分词项新、旧有利于揭示话语信息包装规律。

我们认为，Baumann、Schumacher 和 Riester 等人的词项新、旧理论也存在一些不足，需要发展和完善。其一，词项新、旧是从词义的而不是词形的视角定义。从定义上来看，词项的信息状态取决于其词形和词义。实际上，前后两个名词，后者词义等于或大于前者的词义，后者视为词项旧；后者词义小于前者的词义，后者视为词项可及的；后者词义跟前者毫不相关，视为词项新。词形实际上无所谓，词项新、旧本质是词义新、旧，更名为词义新、旧更能准确反映定义的实质。

其二，对实体新、旧和词项新、旧之间的关系的解释不够明确，可进一步分析。Riester & Baumann(2011, 115)认为，实体旧不是词项旧的先决条件，词项旧也不是实体旧的先决条件。实际上，可以进一步说明：实体新不是词项新的先决条件，词项新也不是实体新的先决条件。这两种不同意义上的新、旧相互独立、互不预设。实体和词项状态交叉，会有四种可能性：实体新而且词项新、实体新但词项旧、实体旧但词项新、实体旧而且词项旧。

其三，Baumann & Riester (2012)没能运用自己提出的理论解释看上去跟自己的理论矛盾的语言现象。

(17) Clinton visited many towns: when he finally arrived in CLINton, he was late.

(Baumann & Riester, 2012, 135)

据 van Deemter(1994, 5),例(17)中的第一个 Clinton 指称“一个人”,第二个 Clinton指称“一个城市”,两者不存在共指关系,第二个 Clinton 重读。这仿佛跟 Baumann & Riester(2012)词项旧不能重读的理论相矛盾,更是跟例(4)的解释相冲突。Baumann & Riester(2012, 135-136)认为,第二个 Clinton 虽然是词项旧,但重读,因为它表示,除了人们已经熟知的有个总统叫 Clinton 这一条信息外,还有个城市叫 Clinton 这一信息,这条信息是新的、不可预测的,话语实体的这种不可预测性在重要性上超过了词项旧。我们认为,据 Baumann & Riester (2012)词项新、旧的定义,第二个 Clinton(克林顿市)跟第一个 Clinton(克林顿总统)虽词形相同但词义毫不相关,不能视为词项旧。这两个 Clinton 跟上文提到的 ball 那个例子同理:提及“克林顿总统”在词义上联想不到“克林顿市”,就像提及“舞会”(ball)联想不到“球”(ball)一样。例(4)答句中的 Italian(意大利人)可视为词项旧,不重读是因为它跟第一个 Italian(意大利语)词形相同而且词义也相关,因为提到意大利语会联想到意大利人这层语义。

4. 其他

Dahl(1976, 41-42)认为,新、旧可以从上文是否提及(previous mention)的视角来解读,而且可以区分是话语实体(referent)还是词语(words or phrases)在上文是否提及。词语新、旧涉及某个词语在语篇中是否首次提及。

Allerton(1978, 143-146)较早非常明确地区分了有定旧和词项旧两种不同意义上的旧信息。词项旧指名词词组里面的中心词是代词,譬如(a local) one 和 it 等。他认为,听者的任务是对代词代替的名词再构建,有定旧、词项旧和重音共同作用体现话语实体的认知状态。他所定义的词项旧和有定旧大体上分别跟 Halliday & Hasan(1976)的替代和指称对应(参见第一章)。

第二节 应 用

实体新、旧和词项新、旧跟韵律之间存在什么样的关系?Baumann & Schumacher(2012)研究表明,新、旧不但可以用来分析实体的信息状态,也可以用来分析词项的信息状态。譬如,形容词只有词项新、旧,没有指称新、旧之分,词项新的形容词重读是恰当的,而词项旧的形容词不重读是恰当的。

Baumann & Riester(2012)表明了区分实体新、旧和词项新、旧在口语研究中的重要性。Baumann & Riester(2013)研究了受试阅读书面语的韵律特征,发现指称语越新,其凸显性(prominence)越高。具体来说,实体新且词项新的指称语比实体旧且词项旧、实体新但词项旧、实体旧但词项新、实体未用但词项新的指称语凸显,实体旧且词项新、实体新且词项旧、实体新且词项新的指称语比实体旧且词项旧的指称语凸显,实体桥接且词项可及的指称语比实体桥接但词项旧的指称语凸显。总之,一个指称语,不管是实体上还是词项上比另一个指称语新,在韵律上就更凸显。但自然语言中的韵律特征和信息状态之间的关系没有如此密切相关。

第三节 实例分析

1. 英语语篇

为了便于比较不同意义上的新、旧,我们仍以第一章里面的英文语篇为例,分析指称语的信息状态以及新、旧词项在语篇中的分布,指称语的信息状态也只区分词项新和词项旧两大类,不区分可及词项。为了便于读者比较词项新、旧,主要的话语实体的指称语的信息状态在文中作了标注。

(18) **Back to the LA routine! David Beckham(词项新) shows off his tattoos in a black T-shirt as he grabs a smoothie after a SoulCycle class**

a. He's been back in the UK for a number of months, but David Beckham(词项旧) slipped back into the LA lifestyle pretty easily upon his return to Tinseltown.

b. The ex-footballer(词项新) was spotted after a SoulCycle class, looking buff and showing off his tattoos in a black T-shirt, shorts and snapback.

c. Following the workout, David(词项旧), 39, headed to Juice Crafters, where he grabbed a smoothie and chatted with a few friends on Thursday.

d. David(词项旧) was joined by his family on Thursday where they were seen arriving at Los Angeles International Airport.

e. Harper(词项新) was carried by her eldest brother Brooklyn(词项新) who was clearly thrilled to be looking after her.

f. The three-year-old(词项新) cut a bright figure against the darkened airport as she smiled for onlookers while wearing a vibrant yellow dress.

g. The 16-year-old(词项新) protectively held his little sister tightly as he carried her through the terminal, making sure she was safe and sound after their long-haul flight.

h. And it's clear Harper got her knack for style from her super-chic mother Victoria(词项新), who followed behind her children looking as sartorially flawless as ever.

i. The 40-year-old singer-turned-fashion designer(词项新) showed off her effortless elegance as she arrived at LAX with Harper, Brooklyn and her middle children Cruz and Romeo.

j. Displaying her lean figure, the wife of football star David Beckham(词项新) sported a sleeveless draping black blouse which she tucked into a pair of designer skinny jeans.

k. The former Spice Girl(词项新), who is rarely spotted in flats, added some height with a pair of black ankle boots.

l. Victoria(词项旧) completed her look by layering on a long black vest jacket which was detailed with white buttons and matching stitching.

m. The eclectic outerwear was also collared and fringed on one side on the front.

n. The brunette beauty(词项新) appeared glam up with her hair styled straight, as her eyes were concealed with oversized black sunglasses.

o. Victoria(词项旧) wore minimal accessories, dashing on a couple metallic necklace while carrying a subtle orange clutch.

p. The only thing that didn't appear up to par was her lipstick, which seemed to be slightly rubbed off.

q. However the mother-of-four(词项新) still appeared every inch the fashion icon as she strolled through the airport with her children.

r. The British bombshell(词项新) recently returned from a work trip to Beijing, where she was on an Asian fashion tour for her self-named collection.

s. David(词项旧) had been in Miami, Florida on Tuesday.

t. Plans to develop an ambitious new MLS franchise are firmly in place, and David(词项旧) was on hand to discuss the mooted project with representatives in the US.

u. The former Manchester United and Real Madrid midfielder(词项新) exited the offices of American delivery giant DHL with football agent and his best pal Dave Gardner, less than a day after flying into the coastal city from London.

v. David(词项旧) is looking to develop a new soccer team and a new stadium, close to the sweeping Miami coastline.

w. The ex-England captain(词项新) revealed plans to launch a new $25 million MLS franchise after exercising an option tied into the lucrative contract he signed after making a potentially risky move from Madrid to Los Angeles Galaxy in 2007.

x. But the development of a new stadium has hit a snag, with an adequate location yet to be approved; team management, name and kit colours have also yet to be finalized by Beckham(词项旧) and his fellow investors. ⑤

(1)指称语信息状态

指称语 David Beckham 在标题 Back to the LA routine! David Beckham shows off his tattoos in a black T-shirt as he grabs a smoothie after a SoulCycle class 中首次提及,因此视为词项新,在下面的段落中再提及都视为词项旧:(18a)David Beckham、(18c)David、(18e)David、(18s)David、(18t)David、(18u)David、(18x)Beckham。名词 David Beckham 指称的实体,在有些段落中使用不同的名词来指称,譬如(18b)中的 The ex-footballer、(18u)中的 The former Manchester United and Real Madrid midfielder、(18w)中的 The ex-England captain。这些名词在词义上完全不同于名词 David Beckham,在语篇中首次使用,是词项新。跟代词相比较,这些新词项传递了很多额外信息,使不了解或者不太了解话语实体 David Beckham 的读者可了解到更多关于他的信息,提高了文本的信息度:The ex-footballer 表明 David Beckham 曾是 a footballer; The former Manchester United and Real Madrid midfielder 表明 David Beckham 曾是 Manchester United and Real Madrid midfielder; The ex-England captain 表明 David Beckham 曾是 England captain。用名词而不是一个句子来传递这些额外信息也节省了很多空间,这体现了新闻英语的一个特征。

话语实体 Harper 在段落(18e)中首次提及,名词 Harper 视为词项新。在段落(18f)中指称该实体的描述性名词 The three-year-old 在词义上完全不同于名词 Harper,在语篇中首次使用,是词项新。跟名词 Harper 比较,名词 The three-year-old 向读者传递了一条额外信息,即 Harper 现在 three years old。在段落(18h)中提及该实体用的词语 Harper 视为词项旧,因为 Harper 在上文段落(18e)中已出现。

话语实体 Brooklyn 在段落(18e)中首次提及,名词 Brooklyn 是词项新。在段落(18g)中指称该实体的描述性名词 The 16-year-old 是词项新,该词向读者传递了一条信息: Brooklyn 现在 16 years old。

话语实体 Victoria 在段落(18h)中首次提及,名词 Victoria 是词项新。实体 Victoria 在下面的段落中用不同的名词来指称:(18i) The 40-year-old singer-turned-fashion designer、(18j) the wife of football star David Beckham、(18k) The former Spice Girl、(18n) The brunette beauty、(18q) the mother-of-four、(18r) The British bombshell,而这些名词在词义上不同于名词 Victoria,在语篇中首次使用,视为词项新。指称该实体的(18o) Victoria 和(18l) Victoria 在上文使用过,视为词项旧。同样,跟代词相比较,那些新词项传递了关于该实体的年龄、职业、丈夫、外貌、孩子等非常多的额外信息,使不了解或者不太了解 Victoria 的读者可了解到更多关于她的信息:The 40-year-old singer-turned-fashion designer 表明 Victoria 现在 40 years old, 曾是 a singer,但现在是 a fashion designer; the wife of football star David Beckham 表明 Victoria 是 the wife of football star David Beckham; The former Spice Girl 表明 Victoria 曾是 Spice Girl; The brunette beauty 表明 Victoria 是 a beautiful woman with dark hair; the mother-of-four 表明 Victoria 有 four kids; The British bombshell 表明 Victoria 是 British 而且 very attractive。很明显,新闻英语传递信息的功能在这里得到充分体现。同样,使用名词而不是句子传递这些额外信息节省了空间,提高了文本的信息度。假如用句子表达名词 The 40-year-old singer-turned-fashion designer 传递的信息,段落(18i)会是这样:

(19) Victoria is 40 years old. She was a singer. She is a fashion designer. She showed off her effortless elegance as she arrived at LAX with Harper, Brooklyn and her middle children Cruz and Romeo.

例(19)显得像儿童读物,信息度大大降低。

名词 a long black vest jacket 在段落(18l)中首次提及,是词项新。其表征的实体在段落(18m)中用名词 The eclectic outerwear 来指称,在话语中首次使用,是词项新。

(2)词项新、旧与句子成分

很多研究认为,英语句子遵循从旧到新的趋势,句子主语一般传递旧信息(Prince, 1992)。这些观点里面所谓的新、旧显然不是指词项新、旧,因为指称旧实体的新词项可以自由出现在及物句和不及物句的主语位置上。例如：

(20) The 16-year-old protectively held his little sister tightly.

(21) The British bombshell recently returned from a work trip to Beijing.

(22) The 40-year-old singer-turned-fashion designer showed off her effortless elegance.

(23) The former Spice Girl, who is rarely spotted in flats, added some height with a pair of black ankle boots.

(24) Displaying her lean figure, the wife of football star David Beckham sported a sleeveless draping black blouse.

例(20)～(24)的主语分别是 The 16-year-old、The British bombshell、The 40-year-old singer-turned-fashion designer、The former Spice Girl, who is rarely spotted in flats、the wife of football star David Beckham。这些名词都是新的，但它们指称的话语实体都是旧的。显然，实体是否可出现在主语位置取决于实体新、旧而不是其指称语的新、旧。

事实上，在新闻英语中，特别是报道影星、球星、歌星的娱乐性新闻中，用新的词语指称话语中已提及的实体的现象非常普遍，因为指称旧实体的新词语可以向读者传递更多关于该实体的信息。例如：

(25) a. Rebecca Adlington's(词项新) ability to continue in The Jump is in jeopardy today after she dislocated her shoulder during a high speed crash.

b. The former Olympic swimmer(词项新), 26, was left in a crumpled heap after losing control while practicing a ski jump at more than 30mph and hurtling down a 30 degree 100 metre long icy slope.

c. Her shoulder was out of joint for 40 minutes and the retired athlete was in tears of agony while guzzling gas and air for the pain as she was carried to an ambulance.

d. During Sunday night's opening episode, the mother-of-one(词项新), wearing a sling, described the pain she suffered as "worse than childbirth".

e. She said: "What people didn't see in the edited footage is that I was lying there with a dislocated shoulder for 40 minutes. It was worse than childbirth and it's still horrible now because people keep knocking my arm."

f. Paramedics were quick to attend, and Adlington(词项旧) had to be stretchered into an ambulance before being whisked to hospital.

g. An insider told *The Sun* newspaper: "Rebecca's(词项旧) fall was incredibly nasty. One minute she was flying through the air, the next she was crumpled on the crash mat and clearly in a lot of pain."

h. The double Olympic gold medallist(词项新) isn't the first celebrity from the upcoming series to have suffered injury as they prepare themselves for the competition. ⑥

(26) a. Alessandra Ambrosio(词项新) looked like quite the cool mom as she picked up her daughter from school in Santa Monica on Friday.

b. The 32-year-old supermodel(词项新) showed off her very long lean legs in a pair of short silk shorts from her very own clothing line, Ále By Alessandra, teamed with an edgy white leather jacket over a black and white graphic tee.

c. The Victoria's Secret Angel(词项新) shielded her eyes in reflective red sunglasses, wore her hair swept back in a messy bun, and strode along in casual slip-on shoes. ⑦

(27) a. Aside from her role as Swarovski Ambassador and Kora Organics founder, Miranda Kerr(词项新) has added a new position to her already busy schedule.

b. On Thursday, the 32-year-old model(词项新) was named the Ambassador for The Royal Hospital for Women Foundation.

c. After the announcement, the former Victoria's Secret model(词项新) met with hospital staff including doctors, nurses, as well as patients.

d. She also took a tour of The Royal's Newborn Care Centre, where she met with parents and premature babies including baby Astrid, born at just 27 weeks and six days gestation, weighing only 960 grams and her parents Abbey and Hamish.

e. The beauty(词项新) also met mum Gai with her twins Beau and Isaac, also born at just 27 weeks and weighing only 1,220 grams and 1,240 grams respectively.

f. Kerr(词项旧) said women's health was close to her heart and something she felt passionate about. ⑧

(28) a. Ky Baldwin(词项新) is only a teenager but he has already won a Logie, thanks to appearing in Channel Seven's Peter Allen: Not The Boy Next Door.

b. And now the youngster(词项新), who this month turned 15, is preparing to take on Hollywood, having been scouted by Justin Bieber's manager amid reports he has signed a recording contract.

c. The singer and actor(词项新) told The Morning Show about his ambitions and plans to move stateside with his family, saying: "I feel like if I keep working hard enough, I will get there in the end."

d. "I don't really care about that stuff. I love just playing music and writing songs and all of that so I feel like if I keep working hard enough I will get there in the end," Ky(词项旧) said.

e. His mother Sally, who appeared on the show with him, added: "They are a really good team of people who have been around a long time and we are just trusting them."⑨

在例(25)中,话语实体 Rebecca Adlington 在段落(25a)中以全名的形式提及,在下文的段落(25b)中使用新名词 The former Olympic swimmer,段落(25c)中使用名词 the retired athlete,段落(25d)中使用名词 the mother-of-one,段落(25h)中使用名词 The double Olympic gold medallist 等回指该实体。文中的这些地方用代词 she 或名词Rebecca Adlington 来指称该实体也可以,但是这些新名词显然向读者,特别是那些不是很了解话语实体 Rebecca Adlington 的读者,提供了很多关于该实体的职业、家庭等方面的额外信息:Rebecca Adlington 曾经是奥运游泳运动员(former Olympic swimmer),现在退役(the retired athlete),有一个孩子(the mother-of-one),获得过两枚奥运金牌(The double Olympic gold medallist)。从语法的视角看,这些指称旧实体的新词语在句子中都充当主语。

在例(26)中,话语实体 Alessandra Ambrosio 在段落(26a)中以姓名的全称形式导入话语,在下文的段落(26b)中使用新名词 The 32-year-old supermodel,段落(26c)中使用新名词 The Victoria's Secret Angel 回指该实体。同样,这些不同于 Alessandra Ambrosio 的新名词显然向读者提供了很多关于该实体的年龄、职业等方面的额外信息:Alessandra Ambrosio 的年龄是 32 years old,职业是 a supermodel,还是 Victoria's Secret Angel。同样,这些指称旧实体的新词语在句子中都充当主语。

在例(27)中,话语实体 Miranda Kerr 在段落(27a)中以姓名全称的形式导入话语,在下文的段落(27b)、段落(27c)和段落(27e)中分别使用 the 32-year-old model、the former Victoria's Secret model、The beauty 等新词语来指称。这些名

词虽然是回指上文已经提及的实体，但传递了更多关于该实体的职业、年龄等方面的额外信息：Miranda Kerr 32 岁，职业是 model，曾经是 Victoria's Secret model，是大美女等。这些新词语在句子中也都充当主语。

在例(28)中，话语实体 Ky Baldwin 在段落(28a)中用姓名全称导入话语，在段落(28b)和段落(28c)中，分别用新名词 the youngster、the singer and actor 指称。尽管报道一个童星，例(28)仍然使用新名词回指旧实体，从而尽可能地传递更多信息。

同样的报纸，如果报道政治人物，文章则很少使用很多的新词项来指称旧话语实体。

(29) a. David Cameron(词项新) and his wife Samantha have been pictured relaxing with a beer during their Easter break in Lanzarote.

b. The pair were photographed at the Playa Blanca resort after Mr. Cameron(词项旧) flew to the Canary Island on Thursday.

c. The Prime Minister(词项新) told MPs before leaving Westminster that he needed "more time to think" after a "tough week" dealing with the fallout from the Budget and Iain Duncan Smith's resignation.

d. Mr. Cameron(词项旧) appeared to have left his political woes behind as he sat with a glass of beer in front of him, sharing a joke with his wife.

e. Mr. Cameron(词项旧) was wearing a casual navy shirt, navy trousers and slip on shoes while Samantha wore a white summer dress and wedge heeled sandals and draped a grey wrap around one shoulder.

f. The PM(词项旧) has come under fire for escaping abroad just weeks after appealing to others to spend Easter in flood-ravaged parts of the UK.

g. It is the second time in three years that the Prime Minister(词项旧) and his family have spent time on the Canary Island. [10]

例(29)也来自《邮报》，是一篇关于英国首相 David Cameron 休假的报道。在段落(29a)中，该话语实体用全名导入话语，David Cameron 是词项新；段落(29c)中的 The Prime Minister 是词项新。这些新词项只是说明了实体的姓名和职务。例(29)没有像例(18)、例(25)～(28)那样用新名词介绍 David Cameron 的年龄、孩子等很多个人信息。段落(29b)、段落(29d)、段落(29e)、段落(29f)、段落(29g)分别使用 Mr. Cameron、Mr. Cameron、Mr. Cameron、The PM 和 The Prime Minister

等很正式的称呼再次指称该实体，都是词项旧。这跟例(18)、例(25)～(28)报道体育、时装等明星时使用很多新名词提供很多背景信息的做法形成了对比。

2. 汉语语篇

为了比较不同意义上的新、旧信息和新、旧词项在不同语言中的分布规律，我们仍以第一章里面的中文语篇为例，分析指称语的信息状态及新、旧词项在语篇中的分布。为了方便读者阅读，主要的话语实体的指称语的信息状态在文中作了标注。

(30) **黄渤(词项新)成功来自"软坚持"**

a. 5月的电影档，黄渤(词项旧)除了在宁浩的《黄金大劫案》中客串了一个角色，还在管虎导演的《杀生》中担任主演，一如既往地扮演小人物。黄渤(词项旧)以《疯狂的石头》中的"黑皮"走红，一直走得就是小人物路线，不过，小人物也有大作为，2009年，黄渤(词项旧)正是凭着在电影《斗牛》中饰演的一个小人物而获得台湾金马奖最佳男主角奖，小人物黄渤(词项旧)一跃而成影帝。

b. 黄渤(词项旧)的经历足以说明，演技不是从学校学来的，而是从生活中磨砺出来的。

c. 这位金马影帝(词项旧)的履历上，有长长的一串经历：当过7年职业歌手，同时兼过8年编舞和舞蹈教练，组过乐队，办过工厂制过鞋，开过玩具店，做过两年配音演员……看到如此丰富多彩的履历，连他自己也乐了："这个人(词项新)怎么这么不靠谱啊！"

d. 说到"不靠谱"，他小时候就已初现端倪。黄渤(词项旧)的父母都在政府机关单位工作，姐姐生意做得很成功，父母希望他能够进清华或北大，但他"上学不能说差，是相当差"，与父母的期待相去甚远。母亲常常白天在单位训完人，下午就到老师办公室里低着头挨训。

e. 学生时代，难得几次受到表扬，大多与他会唱歌、跳舞有关。黄渤(词项旧)喜欢唱歌，多年后他笑说自己当时"青春萌动，对自己的认识不是太清楚"，走的是又唱又跳的偶像路线。高中开始，他就正式在歌厅唱歌，做"伴餐歌手"，刚开始一个晚上能挣15块，后来很快涨到了60块、80块，一个月下来能挣一两千，是当时父母收入的好几倍。发了工资之后，他假装淡定地把一摞钱拍在桌子上，父母才开始觉得，也许唱歌跳舞也可以成为孩子(词项新)的饭碗。从此以后，黄渤(词项旧)每天晚上从歌厅回家，再也不用小心翼翼地开门，以免发出声响。

f. 那时候霹雳舞已经渐渐过时，电视上放的，大多是小虎队、迈克尔·杰克逊、麦当娜的歌，黄渤(词项旧)边看边学，边唱边跳，有了两套拿手节目。后来参加青岛的一个舞蹈比赛，被青岛健力美舞蹈学校的校长相中，力邀他当教练。

g. 他的那点绝活第一节课的上半截就教完了，后半截只好"复习"。回到家，黄老师(词项新)开始发奋学习，自编自舞自学，现炒现卖，搬到课堂上，竟也没有穿帮。他当了8年的舞蹈教练，学生两三千，教师节时还能收到卡片。

h. 期间，黄渤(词项旧)开始参与歌厅的嘉宾演出，嘉宾比普通的驻唱歌手难度要大，不仅唱歌跳舞，还要负责串场主持，把场子搅热。

i. "一场15～40分钟，要求气氛特别好，简单鼓掌不行，必须唱到沸腾。"很快黄渤(词项旧)就总结出一套经验，屡试不爽。"在台上轻车熟路，怎么控制现场气氛。特别清楚第一首唱什么，观众有什么印象，中间说什么话，让大家和你有同样的感受，然后再唱个情绪特别高亢的，有个共鸣，第三首、第四首让大家High起来，最后温情一点，《朋友》之类的。"

j. 其间，黄渤(词项旧)搞了个组合"蓝色风沙"，带着乐队、伴舞队到处跑场子，现在的妻子小欧就是当时的一名伴舞。他们一群人通常摊开地图，觉得哪里好玩就杀到哪里。桂林、杭州、苏州是他们最先去的地方，他们赚过一些钱，也经常被人骗抢，生活中的唯一目标就是真正进入演艺圈。

k. 黄渤(词项旧)还写歌，他常坐在窗前，面朝大海，喝着小酒，小风一吹，文思泉涌。他给当时当红的歌手写过很多歌，这首是给王菲的，那首是为郭富城写的，但从来没有寄出去。"没用，后来自己就清楚了，还是有诸多原因，当时认为自己行，因为在那种环境里，其实差得很远。"

l. 黄渤(词项旧)的最后一站，是北京。在北京，他通过朋友窦鹏的关系，在王府饭店地下二层表演，同台的还有玩票性质的周迅。一场演出200块钱，除去房租，生活还算富足。但唱歌渐渐成了一种负担，有时在台上唱着歌，看着台下人喝着酒、划拳聊天，原来大家都是来听歌手唱歌，现在歌手成了背景，他渐渐开始怀疑起自己的生活。

m. 唱歌"再也带不来愉悦的感觉，你是为了一个目标，当目标不在时，你做这些还有什么意义"？那时候，他天一黑心情就不好，演出完心情就好了。

n. 一天早上，他上完厕所听见马桶"哗"的一声，突然觉得自己的青春就像这样，每天"哗"的一声，一天就过去了。刚好有朋友邀他回青岛建厂，于是，歌手黄渤(词项旧)摇身一变成了"黄代理"，每天西装革履，胳膊下夹着个公文包，不是跟车床打交道，就是在饭桌上跟人聊钢板轴承，每天喝得烂醉被司机扛上车送回家。

o. 渐渐地，腰包鼓起来了，肚子也起来了，"不好玩，除了挣点钱，其他任何快乐带不来，每天缠在事务性工作里，不是自己想要的"。他觉得这还不如唱歌好玩呢，至少唱歌的日子还有"哗"的一声响。

p. 2001 年，他的发小、演员高虎告诉他，导演管虎正在找一个会说山东话、长得不怎么帅的人演一部电影《上车，走吧》，黄渤（词项旧）把自己帅帅的演出照寄了过去，差点失去这次机会。首次触电，他就演的男二号，一个公车售票员。这部只拍了 11 天的短片获得了很多奖项，黄渤（词项旧）生平第一次走上了红地毯，进到颁奖礼的会场一看，这边坐着巩俐，那边是周星驰，之前的梦想竟这么快就实现了。

q. 他开始想转行做演员，把很多没搞明白的事情搞清楚，比如，他一直不明白导演只负责喊"开始""停"，为什么人人都尊重他？于是他决定报考北京电影学院，一考不中，第二年他考上了两年制的配音专业。

r. 两年大学时光，黄渤（词项旧）很有自知之明，他知道自己年纪不小、基础还不怎么样，开始努力学习。毕业后，他成为抢手的配音演员，央视的译制片、影视剧，最忙的时候他一天配一部。

s. 如果不是宁浩，黄渤（词项旧）也许就一直做他的配音演员了，偶尔去唱唱歌，过过瘾。2006 年宁浩从《生存之民工》中看到黄渤（词项旧）时，还以为是导演管虎从工地上拉来的民工，宁浩把"黑皮"这个大龙套给了他。接下来，他成了黄金配角，演了不少苦戏，连着三个圣诞节都在钻下水道，拍《斗牛》的时候，每天都在狂奔，四个月跑坏了 38 双鞋，灯光师一看到他，心里一咯噔，就知道又是一部很苦的戏。他笑称自己已经成了"苦戏代言人"了。

t. 兜兜转转，黄渤（词项旧）的人生又回到了演艺的轨道上来，他称之为"软坚持"，在细节上妥协，大方向上不变，他终归都没有脱离演艺这一行。

u. 总是演小人物，有人评价黄渤（词项旧）是国内无可取代的类型片演员，他也承认，"好多剧本来找的时候都跟我说，这个角色非你莫属。我觉得这就是你慢慢给人留下的印象。这个也是有好有坏，坏的方面这也是一种限制，有些角色他根本想都不往你这方面想"。

v. "一个白马王子去拯救公主的戏，如果你不让黄晓明去演，非要让我去，我勉强也能去。白马王子也有很多种……"还没说完，黄渤（词项旧）自己就笑得喘不上气了。[11]

(1)词项信息状态

话语实体"黄渤"在语篇标题中首次提及，名词"黄渤"视为词项新。该实体下文中用名词来指称：(30a)黄渤……黄渤……黄渤、(30b)黄渤、(31c)这位金马影帝、(30d)黄渤、(30e)黄渤……黄渤、(30f)黄渤、(30h)黄渤、(30i)黄渤、(30j)黄渤、(30k)黄渤、(30l)黄渤、(30n)黄渤、(30p)黄渤……黄渤、(30r)黄渤、(30s)黄渤、(30t)黄渤、(30u)黄渤、(30v)黄渤,这些名词视为词项旧。该实体还用不同的名词来指称,如(30e)中的"孩子"、(30g)中的"黄老师"。这样的新名词虽然回指上文已经提及的话语实体"黄渤",但其是词项新。

(2)词项新、旧与句子成分

很多研究认为,汉语句子也遵循从旧到新的趋势,句子主语一般传递旧信息。这些发现里面的新、旧不是指词项新、旧,因为指称旧实体的新词项可以自由出现在主语位置。例如:

(31) 回到家,黄老师开始发奋学习,

"黄老师"是个新词项,但其指称的实体是旧实体,出现在主语位置上。

跟英语近似,在汉语中,一般在新闻人物专题报道的语篇中,新名词用来指称旧实体的手法较普遍,向读者传递更多关于实体的信息。例如:

(32) 昨日,王府井街头,张尚武被一位民警查身份证和询问。这位前大运会体操冠军,目前卖艺谋生。[12]

(33) 魏纪中把这次打击视作心灵打击最重的两件事之一。魏纪中出生在一个民族资产阶级的殷实家庭,从小受到良好的教育。当时他的父亲是烟厂老板,还在香港有一定的产业。"既是资本家,又有海外关系,这种家庭出身是极其不好的。"一个踌躇满志的年轻人抱着满腔的热情,却被浇了一盆冷水,魏纪中一下子垂头丧气,他甚至想过到离开大陆去香港发展。但出乎意料的是,在魏纪中回到宿舍后,国际司的许多党员来到魏纪中身边,对他进行了安慰,表示不认同那位领导的观点,魏纪中心里又充满了感动。[13]

(34) 在北部新区金山小学的室内训练馆里,魏新穿着属于自己训练班的服装,开心地看着场地里20来个4～12岁孩子们奔跑踢球。这是他世茂晟新足球训练营开营的第一天,他带着前国脚王圣、前女足国脚徐媛和前国奥球员周麟一起,正式开始了他们的青训之路。退役之后,这位重庆籍前国脚换过很多角色,但始终没有离开足球教练的范畴。只不过在2013年辞去重足主帅一职后,他就再也没有沾过职业足球。"那一次的离开以及后来带青年队打全运会给了我很大的启发,也坚定了我搞青少年足球训练这一事业的决心。"魏新一边教导着孩子们一边对重庆晚报记者说："我想一直把青训搞下去，能够为重庆培养出下一个国少、国青、国奥的球员，甚至是国脚！"[14]

(35) 贝多芬的音乐震撼了无数人的心灵。可是，这位天才作曲家，不到30岁就忍受着日益严重的耳疾的折磨，不到50岁就完全丧失了听觉。凭着对音乐的挚爱，凭着一种坚定的信念与命运抗争，他在完全失聪的状态下创作出一生中最重要的几部作品。贝多芬的作品，表达了只有通过暴风骤雨和艰难困苦才能走向辉煌、走向胜利的高昂的进取精神。[15]

在例(32)中，"张尚武"在话语中首次使用，是词项新。"这位前大运会体操冠军"也是首次使用，是词项新，但因回指话语实体"张尚武"，"这位前大运会体操冠军"所指的实体是旧的。不同于名词"张尚武"，名词"这位前大运会体操冠军"向读者传递了一些额外信息，即"他曾获得过大运会体操冠军"。在例(33)中，新词项"一个踌躇满志的年轻人"回指上文已经导入的话语实体"魏纪中"，指称的实体是旧的，因此，"一个踌躇满志的年轻人"是词项新但实体旧。同理，在例(34)中，名词"这位重庆籍前国脚"回指上文唤起的实体"魏新"，是词项新但实体旧。在例(35)中，名词"这位天才作曲家"回指上文唤起的实体"贝多芬"，是词项新但实体旧。这些新词项都出现在主语位置。显然，实体能否充当主语不是取决于其指称语的新、旧，而是实体的新、旧。

由于英汉两种语言表达方式、构词方式的不同，在新闻人物专题报道的汉语语篇中虽然有用新词指称旧实体的语言现象，但不像英语新闻人物报道中出现的频率那么高。有时候，汉语不是采用一个全新的名词指称旧实体，而是会采用"定语＋专有名词(甚至代词)"的形式来指称。这种形式中的定语就像例(18)和例(25)～(28)中使用的名词一样，传递一些关于该专有名词所指称的实体的额外信息。例如：

(36) a. 这话不假。魏纪中1954年就读于南京大学。人长得高，又有运动天赋，是南京大学排球队的主力，继而成为南京市代表队、江苏省代表队的队员。但在大学时他所学的专业是法国文学，选修课也选了法国古典文学、戏剧。

b. "打球、训练多，上课相对就少，缺课就较多，怕毕不了业才选的'冷门'。"当时还是小魏的他想得简单而狡黠，因为法国古典文学、戏剧，一共没几个人选，毕业问题不大。

c. "物以稀为贵，"魏纪中这么一选，他的老师何茹教授非常高兴，何教授主动上门找学生教，"开了小灶"的魏纪中还真钻进去了，并从中受益不小。

d. 按照正常的逻辑，专业是法国文学的魏纪中，在大学毕业后，从事的应该是和法语或外国文学编译相关的工作。但当时 22 岁的魏纪中多了一个选择的机会。

e. 1958 年 8 月的某个下午，南京大学校长郭影秋把魏纪中叫到办公室。校长问魏纪中，现在有两个地方，一个是人民文学出版社，一个是国家体委，你去哪一个？[15]

在段落(36b)、段落(36c)、段落(36d)中的“当时还是小魏的他”“‘开了小灶’的魏纪中”“专业是法国文学的魏纪中”“当时 22 岁的魏纪中”指称上文中已经唤起的实体“魏纪中”，而不是另外一个“魏纪中”。这些名词短语中，定语提供了关于魏纪中年龄、专业等方面的信息。这些修饰语若译成英文，可译成类似例(18)和例(25)～(28)中的那些指称旧实体的新名词，而不需后面的专有名词“魏纪中”或代词“他”。

第四节　实体新和词项新

实体新、旧和词项新、旧的研究对象不同，是两种不同意义上的新、旧。实体新、旧研究的对象是话语实体，而词项新、旧研究的对象是指称实体的语言形式。在话语中，同一个实体可用不同的形式来指称，同一个形式可以指称不同的实体。从话语实体的视角看，实体在话语中可能用零代词、代词或名词等形式来回指，甚至用描述性的、不同语义的名词来指称。譬如，话语旧实体“张三”可用名词“张三”、代词“他”或零代词来指称，也可能用“这只老狐狸”“这个老戏迷”或者“大嘴”等不同于“张三”的新名词来指称。名词“张三”和这些新名词的共同点是，它们都回指上文已经导入话语的实体“张三”，都是表达旧的实体；不同点是，这些新名词传递了新的词汇信息，是词项新，而名词“张三”是词项旧。事实上，在新闻英语中，特别是报道影星、球星、歌星的娱乐性新闻中，用新的词语指称话语中已提及的实体的现象非常普遍，因为指称旧实体的新词语可以向读者传递更多关于实体的信息。从语言形式的视角看，话语上下文中同样的语言形式，有时甚至连语义也相同，可能指称不同的实体。显然，区分实体新、旧和词项新、旧这两种不同意义上的新、旧是必要的。话语中实体的信息状态和指称语的信息状态交叉，会出现四种可能性：实体新且词项新（实体和表达该实体的词语都是新的）、实体新但词项旧（实体是新的，但表达该实体的词语是旧的）、实体旧且词项旧（实体和表达该实体的词语都是旧的）、实体旧但词项新（实体是旧的，但表达该实体的词语是新的）。

第五节　小　结

顾名思义,词项新、旧指表达话语实体的语言形式或者说词项本身的信息状态,而不是话语实体。各家信息理论中,词项的信息状态一般分为词项新和词项旧两大类。但各家理论在词项新、旧定义的明确、详细程度等方面不尽相同。Chafe(1974)特别强调实体导入话语后,其认知状态跟指称这个实体的语言形式无关。Allerton(1978)较早、非常明确地区分了有定旧和词项旧两种不同意义上的信息状态,认为有定旧、词项旧和重音共同作用体现话语实体的认知状态。他所定义的词项旧和有定旧大体上分别跟 Halliday & Hasan(1976)的替代和指称对应。Büring(2007)指出,旧不能简单等同为熟悉的话语实体。Riester & Baumann(2011)、Baumann & Schumacher(2012)、Baumann & Riester(2012)、Baumann & Riester(2013)是词项新、旧理论的最新进展,明确区分了实体新、旧和词项新、旧。他们区分了旧词项、可及词项和新词项。旧词项指活跃的词,包括三种情况:上下文中的两个名词,后者跟前者字同而且义同;后者跟前者字不同但义同;后者跟前者是上下义关系或整体/部分关系。上述三种情况中的后者视为词项旧。如果后者跟前者字同但义不同(即同形异义词),不视为词项旧。可及词项指半活跃的词,也包括三种情况:上下文两个名词,后者是前者的下义词;后者跟前者存在部分/整体关系;后者因脚本关系跟前者相关。上述三种情况中的后者视为可及词项。新词项指不活跃的词。一个词如跟别的词在词形、词义上毫不相关,视为词项新。

区分词项新、旧的意义在于,像话语实体新、旧一样,词项新、旧也影响话语实体是否重读等包装方式。实体新、旧和词项新、旧两种不同意义上的新、旧都对词项的韵律包装方式有影响。指称旧实体的新词项尽管能为它的先行项提供更多的信息或者说额外意义,但在句子中并不重读。上下文中两个词形相同的名词虽指称不同的实体,后者不重读。(Baumann & Riester, 2012;Baumann & Schumacher,2012; Büring, 2007; Firbas, 2007)话语新、旧,听者新、旧等信息包装理论重视实体的认知状态和形态句法之间的关系,忽视了新、旧信息跟语音、韵律之间的关系。词项新、旧理论弥补了现有信息理论的不足,能解释其他信息包装理论解释不了的一些语言现象。词项新、旧理论为信息包装研究提供了一个新视角,拓宽了研究范围。要充分分析词项的信息状态,揭示信息包装方式、规律,就须把实体新、旧跟词项新、旧区分开。

在新闻语篇中,特别是报道影星、球星、歌星的娱乐性新闻中,用新的词语指称话语中已提及的实体的现象非常普遍,因为指称旧实体的新词语可以向读者传递更多关于实体的年龄、职业、外貌、家庭等方面的信息,而且还可以节省空间。同样的报纸,同样报道休闲、娱乐新闻,如果报道政治人物,文章则很少使用很多的新词项来指称旧话语实体。很多研究认为,英汉语句子遵循从旧到新的趋势,句子主语一般传递旧信息。这种观点中所谓的新、旧显然不是指词项新、旧,因为指称旧实体的新词项可以自由充当主语。

注释

① 简略的实体新、旧的定义["r-" 表示"the referential level"(实体层面),下同]

Units: definite DPs	
r-given	anaphor corefers with antecedent in previous discourse
r-given-sit	referent is immediately present in text-external context (in particular discourse participants)—symbolic deixis
r-given-displaced	coreferring antecedent does not occur in previous 5 intonation phrases or clauses
r-environment	referring to item in text-external context (conversational environment)—gestural deixis/demonstratives
r-bridging	non-coreferring anaphor, dependent on previously introduced scenario
r-bridging-contained	bridging anaphor which is anchored to an embedded phrase
r-unused-known	discourse-new item which is generally known
r-unused-unknown	discourse-new item which is identifiable from its own linguistic description but not generally known
Units: definite or indefinite DPs	
r-cataphor	item whose referent is established later on in the text
r-generic	abstract or generic items
Units: indefinite DPs	
r-new	specific or existential indefinite introducing a new referent

(Baumann & Riester, 2012, 138)

② Baumann & Riester (2012)和 Gundel et al. (1993)实体信息状态定义比较

<table>
<tr><th>referenital
(but not uniquely identifiable)</th><th>uniquely identifiable
(but not familiar)</th><th>familiar
(but not activated)</th><th>activated</th></tr>
<tr><td></td><td></td><td></td><td>r-given, r-given-sit</td></tr>
<tr><td></td><td></td><td>r-unused-known,
r-given-displaced</td><td></td></tr>
<tr><td></td><td colspan="3">r-bridging, r-environment</td></tr>
<tr><td></td><td colspan="2">r-bridging-contained</td><td></td></tr>
<tr><td colspan="4">r-generic</td></tr>
<tr><td></td><td>r-unused-unknown</td><td></td><td></td></tr>
<tr><td>r-new, r-cataphor</td><td></td><td></td><td></td></tr>
</table>

(Baumann & Riester, 2012, 143)

③ Baumann & Riester (2012)话语实体新、旧定义和其他定义比较

RefLex (r-level)	Prince (1981)	Lambrecht (1994)	Nissim et al. (2004)	Gotze et al. (2007)	Riester et al. (2010)
r-given	textually evoked	active/given	old	given-active	given
r-given-sit	situationally evoked	situationally accessible	old-general	accessible-situation	situative
r-given-displaced	—(textually evoked)	textually accessible	—(old)	given-inactive	—(given)
r-environment	situationally evoked	situationally accessible	—	accessible-situation	situative
r-bridging	inferable	inferentially accessible	mediated	accessible-inferable	bridging
r-bridging-contained	containing inferable	—	mediated	—	bridging-contained
r-unused-known	new unused	inactive/unused	mediated-general	accessible-general	unused-known
r-unused-unknown	brand-new anchored, containing inferable	unidentifiable anchored, inferentially accessible	new	new	unused-unknown
r-cataphor	—	unidentifiable unanchored (?)	—	—	cataphor
r-generic	brand-new unanchored	active/given	old-generic	accessible-general	indef-generic, unused-type
r-new	brand-new	unidentifiable/brand-new	new	new	indef-new

(Baumann & Riester, 2012, 156)

④ 词项新、旧的定义[“l-”表示“the lexical level”(词汇层面)]

Units: nouns, modifiers, NPs	
l-given-same	recurrence of same expression
l-given-syn	relation between nouns at the same hierarchical level (synonyms)
l-given-super	noun is lexically superordinate to previous noun (markable is a hypernym or holonym, or generally a superset)
l-accessible-sub	noun is lexically subordinate to previous noun (markable is a hyponym or meronym, or generally a subset)
l-accessible-other	two related nouns, whose hierarchical lexical relation cannot be clearly determined (e. g. within a scenario)
l-new	noun not related to another noun within last 5 intonation phrases or clauses

(Baumann & Riester, 2012, 144)

⑤ Flint, H., Back to the LA routine! David Beckham shows off his tattoos in a black T-shirt as he grabs a smoothie after a SoulCycle class,2015 年 3 月 28 日,http://www.dailymail.co.uk/tvshowbiz/article-3015853/David-Beckham-shows-tattoos-black-T-shirt-grabs-smoothie-SoulCycle-class.html? ITO=1490&ns_mchannel=rss&ns_campaign=1490,2016 年 6 月 28 日。

⑥ Shahid, S. & Cain, D., The shocking moment Rebecca Adlington dislocated her shoulder after risky stunt on The Jump... as she says it was “worse than childbirth”, 2016 年 5 月 1 日, http://www.dailymail.co.uk/tvshowbiz/article-3425748/PICTURED-Shocking-moment-Rebecca-Adlington-captured-sustaining-injury-risky-stunt-Jump-says-worse-childbirth.html,2016 年 6 月 28 日。

⑦ Zhao, H., Alessandra Ambrosio shows off her slender legs in tiny shorts as she walks hand-in-hand with daughter Anja on school run,2014 年 4 月 5 日,http://www.dailymail.co.uk/tvshowbiz/article-2597392/Alessandra-Ambrosio-shows-slender-legs-tiny-shorts-walks-hand-hand-daughter-Anja-school-run.html,2016 年 6 月 28 日。

⑧ Aquilina, J., “Women's health is close to my heart”: Miranda Kerr announced as the new Ambassador for The Royal Hospital for Women Foundation, 2015 年 12 月 17 日,http://www.dailymail.co.uk/tvshowbiz/article-3363573/Women-s-health-close-heart-Miranda-Kerr-announced-new-Ambassador-Royal-Hospital-Women-Foundation.html,2016 年 6 月 28 日。

⑨ Longhetti, C., “If I keep working hard I'll get there”: Australia's Justin Bieber singer Ky Baldwin, 15, talks of relocating to the US after being scouted by his namesake's manager, 2016 年 4 月 20 日,http://www.dailymail.co.uk/tvshowbiz/article-3548945/Ky-Baldwin-talks-relocating-scouted-Justin-Bieber-s-manager.html,2016 年 6 月 28 日。

⑩ Press Association, David and Samantha Cameron relax during Easter break in Lanzarote,2016 年 3 月 26 日,http://www.dailymail.co.uk/wires/pa/article-3509969/David-Samantha-Cameron-relax-Easter-break-Lanzarote. html,2016 年 6 月 28 日。

⑪ Kgold:《黄渤 成功来自“软坚持”》,《亚洲新闻人物》,2012 年 9 月 22 日,http://www. inventic. net/2012/Entertainment_0922/1245. html,2016 年 6 月 28 日。

⑫ 薛珺:《前体操冠军卖艺乞讨一度盗窃 体育总局介入调查》,2011 年 7 月 16 日,http://news. xinhuanet. com/2011-07/16/c_121674696. htm,2016 年 6 月 28 日。

⑬ 李孜:《魏纪中:生命中的七分之五》,2005 年 12 月 24 日,http://finance. sina. com. cn/g/20051224/16112225826. shtml,2016 年 6 月 28 日。

⑭ 新浪重庆:《重庆下一个国脚正在训练 魏新等四国脚开青训班》,2015 年 1 月 30 日,http://cq. sina. com. cn/news/t/2015-01-30/detail-icczmvun5572788. shtml,2016 年 6 月 28 日。

⑮ 上学吧:http://www. shangxueba. com/ask/8513851. html,2016 年 6 月 28 日。

⑯ 李孜:《魏纪中:生命中的七分之五》,2005 年 12 月 24 日,http://finance. sina. com. cn/g/20051224/16112225826. shtml,2016 年 6 月 28 日。

第四章　关系新和关系旧

话语实体可以区分新、旧，指称语可以区分新、旧，由实体或指称语组成的句子（命题）也可区分新、旧。笼统地讲，句子传递的信息可以包装成新信息和旧信息两大部分。新信息对应句子中对一个明示的或隐含的问句的应答部分，旧信息对应答句其余部分，也就是交际双方共知的信息。言者假设听者知道的信息为已知信息，假设听者不知的内容为新信息。关系意义上的新、旧研究的对象是句子或者命题。区分关系新、旧的意义在于，语篇中的信息包装也受这种意义上的新、旧制约，这两个概念能解释话语新、旧等其他信息包装概念解释不了的语言现象。

第一节　关系新和关系旧定义

很多文献直接或间接、明确或模糊地涉及关系意义上的新、旧。各家理论中新、旧的定义虽小异但大同。关系意义上的新、旧在不同的文献里有不同的术语。文献中常见的术语总结如下：

焦点（focus）、预设（presupposition）　　(Chomsky，1971；Jackendoff，1972)

新（new/nonrecoverable）、旧（given/recoverable）　　(Halliday，1967，2004)

新（new/unpredictable）、旧（old/predictable）　　(Kuno，1972,1978)

语境非制约的（contextually nonbound）、语境制约的（contextually bound）　　(Sgall et al.，1973，1986)

论述（comment）、话题（topic）　　(Gundel，1974，1988)

新信息（new information）、旧信息（given information）　　(Clark & Haviland，1977)

声调新(intonational newness)、声调旧(intonational givenness)
(Allerton, 1978)

关系新(relational newnness)、关系旧(relational givenness)
(Gundel, 1988, 1999; Gundel & Freitheim 2006)

述位(rheme)、主位(theme)　(Vallduví, 1992)

焦点(focus)、话题(topic)　(Lambrecht, 1994)

谓语(predicate)、话题(topic)　(Erteschik-Shir, 1997)

焦点(focus)、话题(topic)　(Gundel & Freitheim, 2006)

1. Gundel

Gundel(1988, 1999)、Gundel & Freitheim(2006)等人非常明确地提出、区分了实体新、旧(referential newness/givenness)和关系新、旧(relational newness/givenness)这两种不同意义上的新、旧。

实体新、旧涉及词语(linguistic expression)跟交际者大脑中的、话语中的或者现实世界中的实体(entity/referent)之间的关系。Gundel et al.(1993)的旧阶中的各种认知状态指的是实体的各种状态(参见第二章)。

关系新、旧是把句子分成互补的两部分:一部分是句子的陈述对象,另一部分是对该部分的陈述,即陈述内容。陈述对象和陈述内容相互独立,陈述对象不在陈述内容之内,是旧的(given)。陈述内容是对陈述对象所作的断言或对陈述对象的应答,构成新信息(new information)。关系新、旧涉及一个句子如何传递信息。

(1) A: Did you order the chicken or the pork?
B: It was the PORK that I ordered.
(Gundel & Freitheim, 2006, 177)

在例(1)中,一方面,答句(1B)中的 pork 在上文问句(1A)中刚提及,即回指(1A)中的 pork,是实体旧,其认知状态是指称的、熟知的、激活的、可识别的、听者旧、话语旧;另一方面,(1B)中的 pork 是关系新,是焦点,承载重音,因为其回答了"我点了什么"这个问题。

2. Halliday

根据 Halliday(1994, 2004),英语书面语中,字母构成词,词构成句子;英语口语中,元音、辅音等音位构成音节,音节构成音步(foot),音步构成声调群(tone group),连续不断的声调群构成口语语篇。

重读音节(strong syllable)或显音节(salient syllable)承载节拍(beat),而弱读音节(weak syllable)不承载节拍,附着在重读音节上。承载声调重音的音节是声调音节。音节的作用是组织元音和辅音发音的顺序。

音步由一个重读音节和数目不等的弱读音节构成,以重读音节开始,弱读音节跟在重读音节后面。承载声调重音的音步是声调音步。音步的作用是调节言语的节拍、节奏,本身并不体现任何语义单位,但这并不是说节奏的变化不体现意义的变化,实际上有些情况下可以体现。讲英语的人喜欢音步时长大致相同,自然言语中重读音节倾向于有规律地间隔出现。划分话语中的音步要遵循降音步原则(principle of descending foot),即重读音节在前弱读音节在后的音步构成原则。不同于诗歌里的音步,自然口语中的音步可能包括一个音节(即重读音节)、两个音节、三个音节、四个音节,在语速快的言语里甚至有五六个音节。有的音步开始的节拍可能是无声的;有的音步可能只包含无声节拍,构成无声音步(silent foot)。无声节拍是英语口语节奏的一个重要特征,在语法中起作用,在不同意义之间构建对比。在即兴对话中,交际双方可能跨越两个无声音步保持说话的节奏。话语分析中用单斜杠表示音步界限。

Halliday(1994, 302-304)区分了单声调(tone)和复合声调(compound tone)。单声调包括调 1(降调)、调 2(升调)、调 3(平调)、调 4(降升调)和调 5(升降调)。升、降调的对立是英语语调系统建立的基础,跟表示肯定、否定的归一度相关。降调表示确定、归一度已知,在正常的对话中出现的频率高于其他四个声调。升调表示不确定、归一度未知,在对话中出现的频率高于在叙述性文本中的频率。平调又称"低升调",表示是否已知还不能判断出,在较正式的演讲和朗读中频率增高,用来把难以操作的长信息块分割成小的信息单位。降升调是先降后升,表示好像确定,实际上不确定。升降调,顾名思义,先升后降,表示好像不确定,实际上确定,是儿童语言的特征。

复合声调包括调 13(即调一三)和调 53(即调五三)。调 3 用来传递依附性信息,因此经常紧随在另一个声调之后,和前者共同构成一个调群。复合声调 13 —

般发生在下面两种情况下：句末附加语，如例(2)；其他句末半新信息(semi-new)，即这些信息虽然已经提及，但仍具有新闻价值(newsworthy)，如例(3)。

(2) // 13 ∧ you / can't get /**ìn** with /out a / **tīcket** //

(3) How d'you get on with the people next door?

— //13 ∧ I / hardly / **knòw** the / new / **neīghbours** they //**4 sěem** / very / friendly //

(p. 303)

根据 Halliday (1967, 2004)，信息是已知的或可预测的和新的或不可预测的之间相互作用产成的。组成话语的信息单位(information unit)或者说信息块(information block)由新信息(new/nonrecoverable/nonderivable/unpredictable)和旧信息(given/recoverable/known/predictable)两部分组成。

已知信息指说话人表述为对听者来说可恢复的信息，新信息指说话人表述为对听者来说不可恢复的信息。信息被视为可恢复的原因很多：信息以前提及过；在情景中，譬如"我"和"你"；能够感觉到或注意到；虽不在周围环境中，但说话人出于修辞目的把信息表述成已知信息，意思是这不是新闻。信息视为不可恢复的原因：信息尚未提及；不管是否提及过，信息出乎意料，意思是这是新闻。对话中一种常见的新信息就是对比。[①] 例如：

(4) Child: Shall I tell you why the North Star stays still?

Parent: Yes, do.

Child: Because that's where the magnet is, and it gets attracted by the earth. But the other stars don't; so they move around.

// Shall / I tell you / why the / North / Star / stays / **still** //

// **Yes** // **do** //

// ∧ Because / **that's** // where the / **magnet** / is// ∧ and it gets at/**tracted** by the // **earth** // ∧ But the / **other** / stars // **don't** // ∧ so / **they** // move a/**round** //

(Halliday, 2004, 92)

在例(4)中，在孩子解释的话语中，每个小句包括两个信息单位。焦点落在全新(fresh)信息上，即 the magnet、gets attracted、by the earth，和表示对比的成分上，即 that(回指上文的北极星 the North Star)、the other(指别的星星而不是北极星)、don't(不被吸引)、they(跟北极星形成对比)、move around(跟其他星星静止不动形成对比)。所有的全新信息都是调 1 而对比信息是调 4。旧信息包括表示回指的 it、stars 以及连词 because... and... but... so(回应上文的 why)。在孩子的解释的话语中,新、旧信息分布如下:

	旧信息	新信息		
1	because	that's	contrastive	对比
2	where	the magnet is	fresh	全新
3	and it	gets attracted	fresh	全新
4		by the earth	fresh	全新
5	but	the other	contrastive	对比
6	stars	don't	contrastive	对比
7	so	they	contrastive	对比
8		move around	fresh	全新

(p. 92)

一方面,Halliday 认为,信息单位可视为对某隐含问题的回答(1967, 207; 1970, 163),由声调来体现。声调凸显(tonic prominence)的成分是信息焦点(information focus)。"承载焦点的部分是新信息,这不是因为它不可能在上文提及过,尽管通常它没在上文提及,而是因为言者把它表述成不能从上文恢复的。"(1967, 204)回指语和介词等承载对比焦点的时候也构成新信息。(pp. 206-207)新信息之外的部分则为旧信息(p. 207)、非焦点(non-focal)部分(p. 205)、"你先前所叙说的"(p. 212)。新信息是必有的而旧信息是可选的。很明显,上述 Halliday 所界定的新、旧信息是关系意义上的新、旧。

另一方面,Halliday(1967, 2004, 91)认为,语言中的回指成分(anaphoric elements)和指示成分(deictic elements)在本质上是旧的。譬如,情景中的"你"和"我"是旧的。很显然,此处所谓的旧指实体的新、旧。他进一步说,这些成分通常不承载信息焦点,如果承载,它们则表示对比(contrastive),传递新信息,这也就是他所界定的标记焦点,这又是关系意义上的新、旧。以上分析表明,Halliday 所谓的新、旧信息包括实体新、旧和关系新、旧两种不同意义上的新、旧。

新、旧信息通过语音、形态和句法等语言手段来判断。其一,语音形式。声调凸显、声调音步(tonic foot)界定新信息的顶点,表明新信息的终点,一般情况下,就是信息单位中最后的成分。新信息的起点则没有标记。在脱离语境的句子里,在语音的基础上可以判断出新信息在哪里终止——某成分因为承载声调凸显所以就是新信息,但不能判断新信息前面是否有已知信息,也不能判断新信息和已知信息之间的界限。

(5) // ∧ the / boy stood / on the / burning / **deck** //

←—— New

(Halliday, 1994, 297)

在例(5)中,因为声调凸显落在 on the burning deck 上,所以这些成分是新信息。但不能确定新信息是到 stood 还是 the boy 为止。

Halliday 认为,声调凸显之前的成分的信息状态由语音标记来表明,节奏(rhythm)的变化就可以表明。

(6) I'll tell you about silver. It needs to have love.

// ∧ it / needs to have / **love** //

Given ←—— New

(7) I'll tell you what silver needs to have. It needs to have love.

// ∧ it needs to have / **love** //

Given ——→ New

(p. 297)

在例(6)中,needs 是重要信息,是新信息的起点,而在例(7)中,needs 是前附着音步(proclitic foot)的一部分,因为在上文中已经提及,是旧信息。

在声调凸显之前的成分中,语音凸显、重读的地方是新信息的起点,前附着音步里面的成分是已知信息。Halliday 进一步说,并不是所有的已知成分在语音上都不凸显。

其二,根据语境。对于未脱离语境的句子,根据语音判断出新信息,根据上文判断出已知信息,从而进一步判断出新信息和已知信息的界限。

(8) In this job, Anne, we're working with silver. Now silver needs to have love.

// ∧ now / silver / needs to have / **love** //

Given ——→	←——New

(p. 297)

在例(8)中,如果独立地看,第二句话的信息状态无法确定,只能确定 love 是新信息。但是根据其前一句话,silver 是旧信息,新信息从 needs 开始。

其三,根据形态句法。语言中有些成分,譬如回指成分(回指上文提及的事物)和指示成分(指称话语发生的"此地""此时"等),需要参照上文提及的信息或情景才能解释,在这种意义上它们本质上就是已知的。在信息单位中,一般来说,新信息在前,旧信息在后。(1994, 296-299)

信息单位,顾名思义,是信息的单位,是由新信息和已知信息构成。在信息单位中,新信息和已知信息的非标记顺序是:已知信息在前,新信息在后。口语由连续不断的信息单位组成。理想形式的信息单位包括新信息和已知信息,但有两种例外情况:一种是,篇首单位只包含新信息;另一种是,已知信息可能是照应的,指称语境中的事物,因此被省略以实现照应。从结构上讲,新信息是不可或缺的而已知信息是可缺的。信息单位是一个跟小句平行的单位,不跟任何的语法单位相对应。在非标记的情况下,信息单位和小句重合。在标记情况下,一个小句可能包含两个或更多的信息单位,同样一个信息单位可能包含两个或更多的小句、一个小句和另一个小句的一半。每个信息单位体现为一个音高曲拱或者声调,可能是降调、声调、降升调或升降调。音高曲拱延长及整个声调群。在声调群内部有一个音步承载主音高运动,即主降、主升或者方向改变。这种特征称为"声调凸显",承载声调凸显的成分就是声调成分,也就是声调音步、声调音节,其承载信息焦点。

3. Clark & Haviland

根据 Clark & Haviland(1977),旧信息(given information)指言者认为听者已经知道的信息而且认为其是真实的,新信息(new information)指言者认为听者不知道的信息。言者和听者心照不宣地约定听者已知的信息和未知的信息如何出现在句子中,为达到有效交际,交际双方要遵循旧新契约(given-new contract)。一方面,言者根据听者大脑中已有的信息,把他认为听者已知的信息构建成旧信息,把他认为听者不知道的信息构建成新信息;另一方面,听者在此基础上采取旧新策略

(given-new strategy)来解读言语。契约的核心是先行项准则(maxim of antecedence),即言者构建的言语中的旧信息在听者大脑中有唯一的、预期的先行项。言者遵循这一准则,而且听者能找到对应的旧信息,这样旧新策略才能得以实现。否则,听者需要诉诸桥接(bridging)、添加(addition)或重构(restructuring)等策略理解言语。在英语简单句里面,正常情况下,焦点重音落在句子末尾部分。因此,旧信息通常出现在新信息之前。言者也可以采用一些构式使焦点重音落在其他成分上,而不是宾语上。重音总是落在新信息上。

(9) a. Olivia kissed Oscar.

b. It was Olivia who kissed Oscar.

c. What Olivia did was kiss Oscar.

d. Oscar was kissed by Olivia.

e. The BLOND woman kissed Oscar.

(p. 11)

在例(9a)~(9e)中,重音分别落在 Oscar、Olivia、kiss Oscar、Olivia、BLOND 上面,它们分别构成新信息。

Clark & Haviland 提出通过问答的方式来判断一个句子新、旧信息的分布,即给句子构建一个对应的特殊疑问句,使句子充当问句的应答句。一般来说,问句和答句共有部分是旧信息,答句提供给问句所需的信息是新信息。传递新信息的可以是名词、动词、形容词,甚至整个句子。

(10) a. Who kissed Oscar?

b. It was Olivia who kissed Oscar.

(11) a. Who did Olivia kiss?

b. Olivia kissed Oscar.

(12) a. What did Olivia do?

b. Olivia kissed Oscar.

(13) a. What happened?

b. Olivia kissed Oscar.

(pp. 11-12)

在例(10)中,(10b)是对(10a)的恰当回答,问题(10a)预设 someone kissed Oscar,要求听者提供这个人是谁,预设是旧信息,答句(10b)中 someone kissed Oscar 是旧信息,这个人就是 Olivia,Olivia 构成新信息。同理,在例(11)～(13)中,Oscar、kissed Oscar 和 Olivia kissed Oscar 分别构成新信息,分别表示新信息的窄范围(narrow scope)、中范围(medium scope)和宽范围(wide scope)。

此外,Clark & Haviland 认为,在多数句子里面,有定名词传递旧信息,修饰有定名词的形容词或限制性定语从句也属于旧信息。

(14) a. The judge took a bribe.

b. The old judge that tried my brother George took a bribe.

(p. 12)

在例(14a)中,旧信息是:有个实体是法官,而且听者认识这个法官。在例(14b)中,旧信息是听者知道有个实体符合下列特征:该实体是法官,上了年纪,他审问言者的弟弟 George。当听者从大脑中搜寻跟名词 The old judge that tried my brother George 对应的先行项时,他必须找到一个符合这些特征的实体。

他们特别指出,这显然跟上文的新、旧信息定义不符。例(10)～(13)表明,有定名词可以是新信息,这跟多数有定名词传递旧信息的论断相矛盾。这种矛盾在例(15)中更明显。

(15) It was the judge who took the bribe.

(p. 12)

他们解释说,在例(15)中,旧信息是 X took the bribe,新信息是(X=)the judge。the judge 既是新信息又是旧信息。其实不然。句中的新信息不是法官本身,而是识别出受贿的人是法官,是指法官和受贿之间的关系。我们认为,Clark & Haviland 混淆了实体和句子(命题)的信息状态,或者说混淆了实体新、旧信息和关系意义上的新、旧信息。

他们认为,因为旧信息一般出现在新信息前面,所以英语句子通常以有定名词开始,而无定名词则后移,出现在句子后面。在无定名词充当主语的句子中,新信息只能属于宽范围,全句是新信息。宽范围的被动句则特别难以理解,此类句式的限制特别严格,不经常出现。

(16) (What happened?)

A hussy kissed Morris.

(p. 13)

在例(16)中,无定名词 a hussy 充当句子主语,A hussy kissed Morris 是全新句。

根据 Clark & Haviland,违背了旧新契约的语篇别扭、不恰当、不可接受,或者有语用含义、弦外之音。例如:

(17) Agnes saw somebody. It was Agnes who saw Maxine.

(p. 14)

(18) Two men were watching the dog. The one watching it laughed out loud.

(p. 16)

(19) Oscar had lipstick on his cheek. It was Olivia who kissed him.

(p. 18)

例(17)听上去别扭、不当,甚至错误。例(18)不可接受,因为第二句话的旧信息是:某一个人在观看这只狗;而第一句话的旧信息是:有个人在观看这只狗,还有一个在观看这只狗。第二句话的先行项不具有唯一性,第二句话中的这个人到底指哪个人不明确。例(19)中,言者违背了先行项准则,听者自己需要推理出下面的含义:Oscar 脸上有口红是 because someone kissed him。

4. 其他

Allerton(1978)较早区分了新闻值或声调旧和成分旧。新闻值新、旧指句子成分的新闻价值(newsworthiness)或预测性(predictability),在语言形式上由调核的位置来体现,调核落在具有新闻价值的成分上,该成分可能是主语、谓语、宾语,甚至整个句子,即全新(all new)句。旧的成分不承载调核、代词化或者省略(关于 Allerton 的信息理论,参见第一章)。

(20) [Someone's painted the dining room.]

\John (has).

(21) [John's done something to the dining room.]

He's \painted it.

(22) [John's been painting something.]

(He's been painting) the dining \room.

(23) [John's been doing something.]

(He's) been painting the \dining room.

(24) [What's happened?]

\John's | painted ‖ the\dining room.

(pp. 149-150)

Kuno(1972, 272; 1978, 282-283)所用术语旧信息(old information)、新信息(new information)大体上相当于预设、焦点。他从可恢复性(recoverability)的视角定义新、旧,“句子中的成分能从上文恢复的视为旧的(old)、可预知的(predictable),不能从上文恢复的视为新的(new)、不可预知的(unpredictable)”。

Dahl(1976)区分了几种不同意义上的新、旧信息,如当前新、旧,听者新、旧,语篇新、旧②,但对命题信息(propositional information)的区分不是很明确。从命题的角度看,听者收到新信息是因为他对世界知道了更多,旧信息相当于预设(presupposed)。判断命题新、旧的标准是言者假定听者是否知道某条信息。

根据Prince(1992, 301),焦点、预设这种意义上的新、旧体现的形式有重音(stress)或句法结构,如*it*-分裂句、*wh*-分裂句、主题化(topicalization)、焦点移位等。

第二节　应　用

1. 从旧到新的趋势

从关系新、旧信息的角度看,英语遵循着从旧到新的趋势,即关系旧信息倾向于出现在关系新信息之前。很多研究从关系新、旧信息的视角分析句子中的信息分布。

Halliday(1970, 162-164)认为,在双宾和与格结构中,通常情况下,介词词组中的宾语传递新信息,而其他形式的间接宾语传递旧信息。换句话说,双宾和与格结构的信息状态通常有两种模式:旧间接宾语+新直接宾语,如例(25a)和旧宾语+新介词宾语,如例(25b)。

(25) a. I've offered Oliver a tie.

b. I've offered the tie to Oliver.

(p. 163)

根据 Halliday,从信息的角度看,例(25a)和例(25b)存在差异。在例(25a)中,Oliver 是旧信息而 a tie 是新信息,隐含的问题是“你送给 Oliver 什么东西”。在例(25b)中,the tie 属于旧信息而 Oliver 是新信息,回答的问题是“你把领带给谁了”。

Halliday 认为,支配这两种信息结构不同的构式的总原则是:一种构式中有介词,而另一种没有。语言的语篇功能要求新信息须在语法上明确地表示出来。此类结构中的介词则起到明示新信息的作用。Halliday(2004, 295-296)进一步解释说,是否使用介词引出施事(agent)或者与事(beneficiary)不是偶然的,而是具有一定的语篇功能,这是信息结构重要性的体现。如果某个成分在信息中非常凸显,其倾向于用介词导出。凸显(prominence)意味着标记主位,或者新信息(late news)。句子中某个成分早于或晚于其应该出现的位置就会凸显。介词则成为信息中特殊状态的符号。

(26) a. Her nephew sent her flowers.(不凸显)

b. By her nephew she was sent flowers.(标记主位)

c. She was sent flowers by her nephew.(新信息)

(27) a. He sent his aunt flowers.(不凸显)

b. To his aunt he sent flowers.(标记主位)

c. He sent flowers to his aunt.(新信息)

(p. 296)

施事 her nephew 在例(26a)、例(26b)、例(26c)中分别是不凸显、标记主位、新信息;与事 his aunt 在例(27a)、例(27b)、例(27c)中分别是不凸显、标记主位、新信息。

在 Halliday(1970,1985)的框架下,从信息的视角,Davidse(1996)基于语料研究了 buy、offer、owe、pay 和 show 等动词的双宾语和与格结构,发现这两种结构的信息状态各有四种情况。

双宾语结构的信息状态模式

a. so I bought her a drink.

旧间接宾语+新直接宾语

b. I am sorry I didn't offer you one.

旧间接宾语＋旧直接宾语

c. It gave Sir Gerald rights.

新间接宾语＋旧直接宾语

d. The future owes no one a living.

新间接宾语＋新直接宾语

(p. 297)

与格结构的信息状态模式

a. It showed it to lady bank cashiers.

旧宾语＋新介词宾语

b. Just give it to him.

旧宾语＋旧介词宾语

c. Don't ever mention Dentophil to him.

新宾语＋旧介词宾语

d. You owe 700 pounds to the Christmas raffle.

新宾语＋新介词宾语

(p. 298)

根据 Davidse，在双宾语结构中，典型的信息包装模式是，间接宾语传递旧信息而且同时直接宾语传递新信息。在与格结构结构中，宾语是旧而且同时介词宾语是新的信息包装模式在与格结构的四中模式中占比例虽最高但还不到一半。如果不考察直接宾语和间接宾语的信息搭配模式，而是只考察某个成分的信息状态，情况则有所不同：在双宾语结构中，绝大多数的间接宾语是旧的，绝大多数的直接宾语是新的；在与格结构中，大部分宾语是旧的，大部分介词宾语是新的。

Bock(1977)采取问答的方式研究了新、旧信息和句子结构之间的关系，涉及的句子结构包括：与格变换，如例(28)，主动句和被动句变换，如例(29)；状语前置和后置，如例(30)；小品词移位，如例(31)。

(28) a. 问题：When the doctor gave the child a penicillin shot, the child began to cry. What did the doctor do?

恰当回答：The doctor offered a child a lollipop.

不当回答：The doctor offered a lollipop to a child.

b. 问题：When the doctor deposited some money in his savings account, the bank teller gave him a lollipop. What did the doctor do?

恰当回答：The doctor offered a lollipop to a child.

不当回答：The doctor offered a child a lollipop.

(29) a. 问题：A psychologist acquired fame and fortune after his appearance on the tonight Show with Johnny Carson. What happened?

恰当回答：A psychologist cured a neurotic poodle.

不当回答：A neurotic poodle was cured by a psychologist.

b. 问题：The interior decorator was afraid she would have to get rid of her neurotic pet poodle because it was ruining the furniture, but she was able to keep it after all. What happened?

恰当回答：A neurotic poodle was cured by a psychologist.

不当回答：A psychologist cured a neurotic poodle.

(30) a. 问题：The minister's face suddenly blushed a deep red. What had happened?

恰当回答：The minister blushed when the streaker ran through the church.

不当回答：When the streaker ran through the church, the minister blushed.

b. 问题：In the middle of the sermon, a streaker ran through the church. What happened?

恰当回答：When the streaker ran through the church, the minister blushed.

不当回答：The minister blushed when the streaker ran through the church.

(31) a. 问题：A husband and his wife were having an argument because he refused to do something. What was it?

恰当回答：The husband refused to take out the garbage.

不当回答：The husband refused to take the garbage out.

b. 问题：The garbage had been piling up in the house for days. Why?

恰当回答：The husband refused to take the garbage out.

不当回答：The husband refused to take out the garbage.

(pp. 726-727)

Bock 发现，在英语句子里面，旧信息倾向于出现在新信息之前，那些词序变但句意不变的成对结构就是用来实现这一趋势的。先旧后新是产出句子要遵循的一项重要原则。

Quirk et al. (1985, 1360)认为，当构建一条信息时，人们应该"为信息的起点提供足够的语境，让起点能够清清楚楚地识别出来、不引起歧义而且处在一个正常的语言框架下”。因此,“先提供由旧信息构成的语境,再提供新信息”是自然的事情。(p. 1361)句子遵循尾重(end weight)和尾焦(end focus)的信息组织原则。(p. 1362)

2. 句子信息状态模式

在英语句子中,关系新信息会由任何成分承载,从一个音节到整个句子都有可能。(Quirk et al., 1985, 1363)换句话说,新信息可能是整个句子、句子末尾的成分、谓语部分或者谓语之前的部分。

(32) (What's on today?) We're going to the RACES.

(33) (What are we doing today?) We're going to the RACES.

(34) (Where are we going today?) We're going to the RACES.

(35) (Who's going to the races?) WE'RE going to the races.

(p. 1364)

例(32)整个句子都是关系新,是焦点,是一个全新句。例(33)和例(34)构成旧先于新的句子。例(35)是一个新先于旧的句子。

全新句在文献中有不同的术语称呼,如新闻句(news sentence)(Schmerling, 1976)、全新句(all-new sentence)(Allerton, 1978)、句焦点(sentence focus)(Lambrecht, 1994)和中性表达(neutral description)(Kuno, 1972)等。这类全新句是报道发生了什么事情,而不是评论或者识别某个事物。正如 Dryer(1996)所言,这类句子不预设任何信息。

对于某些句子,整个句子都是旧信息,不向听者传递任何信息。Tannen (1987, 589)认为,这种全旧句或者整句话反复可以起到很多语篇功能。譬如,全旧句仿佛表示交际者在参与交际,表示在听、接受对方的言语等。

(36) a. A: Y' know who else talks about that?

b. Did Jever read R. D. Laing?

c. The divided self?

d. B: Yeah. But I don't /?? /.

e. A: He talks about that too.

f. B: He talks about it too.

(p. 588)

在例(36)中,(36f)是B重复A说的话(36e),显然B不是在向A传递什么信息,不是用来回答某个问题,整句话构成一个全旧句,B只是表明自己在听A说话而已。

总之,从关系新、旧信息的视角看,英语句子的信息包装模式可以笼统地分为四大类:全新句、先旧后新句、先新后旧句和全旧句。先旧后新句是句子信息包装的主要模式。

3. 复合句信息状态

根据 Townsend & Bever(1977, 4),英语复合句的主从句在传递的信息上存在差异:"主句一般是言者要表达的断言信息,而从句经常传递言者认为次要的信息。"

(37) Although we still have not had any snow, storms are expected.

(p. 4)

在例(37)中,句子的主句 storms are expected 是断言,是言者认为较重要的信息,而从句 we have not had any snow 表达的这一事实是次要信息。

Townsend & Bever 进一步指出,主从句之间的另一个不同点是,从句传递的信息"听者可能已经知道"(p. 4),但是"有些从句不传递预设信息"(p. 5)。

Tomlin(1985)把关键信息(pivotal information)定义为"叙述中传递最重要的事件的命题",前景信息(foreground information)定义为"叙述中表达连续事件的命题",背景信息(background information)定义为"叙述中用来详细说明最重要或连续事件的命题,或者履行其他功能的命题"。[3] 他认为,英语复合句中主句和从句跟前景和背景信息之间存在相关关系,"从句传递背景信息,而主句传递关键或者前景信息"(p. 103)。

第三节　实例分析

1. 英语语篇

为了便于比较、区分不同意义上的新、旧信息,我们仍以第一章里面的英文语篇为例分析句子信息状态。因为我们并非该语篇作者,所以只能是大体上假设原文作者想要表达哪些信息是关系新，哪些是关系旧，笼统地把一个句子分为关系新和关系旧两部分。为了分析时叙述方便，文中每句话都用字母（a，b，c，d...aa）作了标记。为了直观地把句子中的关系新和关系旧信息区分开，让语篇中的信息流一目了然，关系新、旧信息下面分别用虚线和实线标注。

(38) **Back to the LA routine! David Beckham shows off his tattoos in a black T-shirt as he grabs a smoothie after a SoulCycle class.**
关系新

a. He's been back in the UK for a number of months,
关系旧 关系新

b. but David Beckham slipped back into the LA lifestyle pretty easily upon his return to Tinseltown.
关系旧 关系新

c. The ex-footballer was spotted after a SoulCycle class, looking buff and showing off his tattoos in a black T-shirt, shorts and snapback.
关系旧 关系新

d. Following the workout, David, 39, headed to Juice Crafters, where he grabbed a smoothie and chatted with a few friends on Thursday.
关系旧 关系新

e. David was joined by his family on Thursday where they were seen arriving at Los Angeles International Airport.
关系旧 关系新

f. Harper was carried by her eldest brother Brooklyn who was clearly thrilled to be looking after her.
关系新

g. The three-year-old cut a bright figure against the darkened airport as she smiled for onlookers while wearing a vibrant yellow dress.
关系旧 关系新

h. The 16-year-old protectively held his little sister tightly as he carried her through the terminal, making sure she was safe and sound after their long-haul flight.
关系旧 关系新

i. And it's clear Harper got her knack for style from her super-chic mother Victoria, who followed behind her children looking as sartorially flawless as ever.
关系新

j. The 40-year-old singer-turned-fashion designer (关系旧) showed off her effortless elegance as she arrived at LAX with Harper, Brooklyn and her middle children Cruz and Romeo. (关系新)

k. Displaying her lean figure, the wife of football star David Beckham (关系旧) sported a sleeveless draping black blouse which she tucked into a pair of designer skinny jeans. (关系新)

l. The former Spice Girl, (关系旧) who is rarely spotted in flats, added some height with a pair of black ankle boots. (关系新)

m. Victoria (关系旧) completed her look by layering on a long black vest jacket which was detailed with white buttons and matching stitching. (关系新)

n. The eclectic outerwear (关系旧) was also collared and fringed on one side on the front. (关系新)

o. The brunette beauty (关系旧) appeared glam up with her hair styled straight, as her eyes were concealed with oversized black sunglasses. (关系新)

p. Victoria (关系旧) wore minimal accessories, dashing on a couple metallic necklace while carrying a subtle orange clutch. (关系新)

q. The only thing that didn't appear up to par was her lipstick, which seemed to be slightly rubbed off. (关系新)

r. However the mother-of-four (关系旧) still appeared every inch the fashion icon as she strolled through the airport with her children. (关系新)

s. The British bombshell (关系旧) recently returned from a work trip to Beijing, where she was on an Asian fashion tour for her self-named collection. (关系新)

t. David (关系旧) had been in Miami, Florida on Tuesday. (关系新)

u. Plans to develop an ambitious new MLS franchise are firmly in place, (关系新) and

v. David (关系旧) was on hand to discuss the mooted project with representatives in the US. (关系新)

w. The former Manchester United and Real Madrid midfielder exited the offices of
关系旧
American delivery giant DHL with football agent and his best pal Dave
关系新
Gardner, less than a day after flying into the coastal city from London.

x. David is looking to develop a new soccer team and a new stadium, close
关系旧 关系新
to the sweeping Miami coastline.

y. The ex-England captain revealed plans to launch a new $25 million MLS
关系旧 关系新
franchise after exercising an option tied into the lucrative contract he signed after making a potentially risky move from Madrid to Los Angeles Galaxy in 2007.

z. But the development of a new stadium has hit a snag, with an adequate
关系旧 关系新
location yet to be approved;

aa. team management, name and kit colours have also yet to be finalized by
关系新
Beckham and his fellow investors. ④

在例(38)的27个句子中,绝大多数(81%或22/27)句子呈现"关系旧+关系新"的信息传递模式,极少数(19%或5/27)的句子只包含关系新信息,是全新句。很显然,从关系新、旧意义上讲,英语句子也遵循从旧到新的趋势。

这些"关系旧+关系新"的句子回答这样的问题:"某人/某物做了什么事情"。句子(38a)~(38e)、句子(38t)、句子(38v)~(38y)回答了这样的问题:"David做了什么事情";句子(38g)回答了"Harper做了什么事情"这一问题;句子(38h)回答了"Brooklyn做了什么事情"这一问题;句子(38j)~(38m)、句子(38o)~(38p)、句子(38r)~(38s)回答了这样的问题:"Victoria做了什么事情"。譬如,句子(38h) The 16-year-old protectively held his little sister tightly as he carried her through the terminal, making sure she was safe and sound after their long-haul flight 回答了这样一个问题:"The 16-year-old(=Brooklyn)做了什么事情"。句中的The 16-year-old部分构成旧信息、关系旧,句子其余部分 protectively held his little sister tightly as he carried her through the terminal, making sure she was safe and sound after their long-haul flight 回答了问题中的"做了什么事情",构成新信息、

关系新。句子的宾语 his little sister 回指上文的 Harper，是话语旧、听者旧，但这并不妨碍其出现在关系新信息部分。

在这些“关系旧＋关系新”的句子中，讲述实体 David 的句子占 45％(或 10/22)，讲述实体 Victoria 的句子占 36％(或 8/22)，而关于 Harper、Brooklyn、outerwear、the development of a new stadium 的句子都各占 5％(或 1/22)。显然，语篇(38)主要关注的话语实体是 David 和 Victoria，或者说，主要回答了“David 和Victoria各自做了什么事情”这个问题。

那些只含有关系新信息的句子回答了像“发生了什么事情”这样的问题。譬如，句(38f) Harper was carried by her eldest brother Brooklyn who was clearly thrilled to be looking after her 不含有任何预设，没有关系旧信息，因为上文没有提到 Harper，没有关于 Harper 做了什么事情的叙述。该句话在语篇中突然出现，实际上是一个新的话语单位的起点。句子(38a)～(38e)是关于 David 的事情，构成一个话语片段，而句子(38f)～(38g)是关于 Harper 的事情，构成另一个话语片段。

2. 汉语语篇

为了便于比较不同意义上的新、旧，我们仍以第一章里面的汉语语篇为例，分析句子信息状态。跟分析英文语篇例(38)一样，我们分析单句、偏正复句、联合复句的分句的信息状态，笼统地把一个句子分为关系新、旧两大部分。为了直观地把话语中的信息流显示出来，关系新和关系旧信息下面分别用虚线和实线标注。鉴于篇幅过长，我们只分析语篇前一部分来揭示关系新、旧在话语中的分布规律。为了叙述方便，文中每句话也用字母(a, b, c, d...z,aa,bb)作了标记。

(39) **黄渤 成功来自“软坚持”**
关系新

a. 5月的电影档，黄渤 除了在宁浩的《黄金大劫案》中客串了一个角色，
（黄渤：关系旧；除了在宁浩的《黄金大劫案》中客串了一个角色：关系新）

b. (Ø＝黄渤) 还在管虎导演的《杀生》中担任主演，
（(Ø＝黄渤)：关系旧；还在管虎导演的《杀生》中担任主演：关系新）

c. (Ø＝黄渤) 一如既往地扮演小人物。
（(Ø＝黄渤)：关系旧；一如既往地扮演小人物：关系新）

d. 黄渤 以《疯狂的石头》中的“黑皮”走红，
（黄渤：关系旧；以《疯狂的石头》中的“黑皮”走红：关系新）

e. （Ø=黄渤）一直走得就是小人物路线，
关系旧　　　　关系新

f. 不过，小人物 也有大作为，
关系旧　关系新

g. 2009年，黄渤 正是凭着在电影《斗牛》中饰演的一个小人物而获得台湾
关系旧　　　　关系新

金马奖最佳男主角奖，

h. 小人物黄渤 一跃而成影帝。
关系旧　　关系新

i. 黄渤的经历足以说明，演技不是从学校学来的，而是从生活中磨砺出来的。
关系新

j. 这位金马影帝的履历上，有长长的一串经历：
关系新

k. （Ø=黄渤）当过7年职业歌手，
关系旧　　关系新

l. （Ø=黄渤）同时兼过8年编舞和舞蹈教练，
关系旧　　　　关系新

m. （Ø=黄渤）组过乐队，
关系旧　　关系新

n. （Ø=黄渤）办过工厂制过鞋，
关系旧　　关系新

o. （Ø=黄渤）开过玩具店，
关系旧　　关系新

p. （Ø=黄渤）做过两年配音演员……
关系旧　　关系新

q. （Ø=黄渤）看到如此丰富多彩的履历，
关系旧　　关系新

r. 连 他自己 也乐了：
关系旧　关系新

s. “这个人 怎么这么不靠谱啊！”
关系旧　　关系新

t. 说到“不靠谱”，他 小时候就已初现端倪。
关系旧　　　关系新

u. 黄渤的父母都在政府机关单位工作，姐姐生意做得很成功，父母希望他能

够进清华或北大，但 他 “上学不能说差，是相当差”，与父母的期待
关系旧　　　　关系新

相去甚远。

v. 母亲 常常白天在单位训完人，
关系旧　　关系新

w. (Ø＝母亲) 下午就到老师办公室里低着头挨训。
关系旧　关系新

x. 学生时代，(Ø＝黄渤) 难得几次受到表扬，大多与他会唱歌、跳舞有关。
关系旧　关系新

y. 黄渤 喜欢唱歌，
关系旧　关系新

z. 多年后 他 笑说自己当时"青春萌动，对自己的认识不是太清楚"，走的是又唱又跳的偶像路线。
关系旧　关系新

aa. 高中开始，他 就正式在歌厅唱歌，
关系旧　关系新

bb. (Ø＝黄渤) 做"伴餐歌手"，
关系旧　关系新

cc. (Ø＝黄渤) 刚开始一个晚上能挣 15 块，
关系旧　关系新

dd. (Ø＝黄渤) 后来很快涨到了 60 块、80 块，
关系旧　关系新

ee. (Ø＝黄渤) 一个月下来能挣一两千，
关系旧　关系新

ff. (Ø＝黄渤) 是当时父母收入的好几倍。
关系旧　关系新

gg. (Ø＝黄渤) 发了工资之后，
关系旧　关系新

hh. 他 假装淡定地把一摞钱拍在桌子上，
关系旧　关系新

ii. 父母 才开始觉得，也许唱歌跳舞也可以成为孩子的饭碗。
关系旧　关系新

jj. 从此以后，黄渤每天晚上从歌厅回家，再也不用小心翼翼地开门，(Ø＝黄渤)
关系旧

以免发出声响。
关系新

kk. 那时候霹雳舞已经渐渐过时，
关系新

ll. 电视上放的，大多是小虎队、迈克尔·杰克逊、麦当娜的歌，
关系新

mm. 黄渤 边看边学，
关系旧　关系新

nn. (Ø＝黄渤) 边唱边跳，
关系旧　关系新

oo. (Ø＝黄渤) 有了两套拿手节目。
关系旧　关系新

pp. (Ø＝黄渤) 后来参加青岛的一个舞蹈比赛，
关系旧 关系新

qq. (Ø＝黄渤) 被青岛健力美舞蹈学校的校长相中，
关系旧 关系新

rr. (Ø＝校长) 力邀他当教练。
关系旧 关系新

ss. 他的那点绝活 第一节课的上半截就教完了，
关系旧 关系新

tt. (Ø＝他的那点绝活) 后半截只好"复习"。
关系旧 关系新

uu. (Ø＝黄老师) 回到家，
关系旧 关系新

vv. 黄老师 开始发奋学习，
关系旧 关系新

ww. (Ø＝黄老师) 自编自舞自学，
关系旧 关系新

xx. (Ø＝黄老师) 现炒现卖，
关系旧 关系新

yy. (Ø＝黄老师) 搬到课堂上，
关系旧 关系新

zz. (Ø＝黄老师) 竟也没有穿帮。[⑤]
关系旧 关系新

在例(39)中，绝大多数(92%或者48/52)句子呈现"关系旧＋关系新"的信息包装模式，极少数(8%或者48/52)句子只包含关系新信息。从关系新、旧意义上讲，汉语句子也遵循从旧到新的趋势。在这些"关系旧＋关系新"的句子中，绝大多数(85%或者41/48)句子讲述的话语实体是"黄渤"，回答了一个这样的问题："黄渤做了什么"。很显然，语篇(39)关注的核心话语实体是"黄渤"。

第四节 关系新和实体新

关系新、旧和实体新、旧研究的对象不同，是两种相互独立的、不同意义上的新、旧。前者研究的对象是句子(命题)；后者研究的对象是话语实体。任何实体，不管是新的还是旧的，都可以出现在关系新信息部分。关系新、旧能解释为什么全部由旧实体(词语)组成的句子也可以传递新信息。正如句子的意义不是句子各个成分的意义之和，句子关系意义上的信息状态也不是句子各个成分的信息状态之和。

(40) The 16-year-old protectively held his little sister tightly as he carried her through the terminal, making sure she was safe and sound after their long-haul flight.

(41) 黄老师开始发奋学习,

例(40)是例(38)中的一句话,话语实体 16-year-old 回指上文的 Brooklyn,是话语旧、听者旧。句子(40)对应这样一个可能的问题:"the 16-year-old 做了什么事情或怎么了"。句子中的 protectively held his little sister tightly as he carried her through the terminal, making sure she was safe and sound after their long-haul flight 回答了"做了什么事情或怎么了",构成焦点、关系新信息;而句子中 the 16-year-old 这部分构成预设、关系旧信息。实体 his little sister 回指上文的 Harper,是话语旧、听者旧,但仍出现在关系新部分。例(40)即使修改成简单的 he protectively held her,仍回答了一个问题:"he 做了什么事或怎么了"。在这种意义上,句子的 he 部分构成关系旧,protectively held her 部分构成关系新。句子 he protectively held her 关系意义上的新、旧信息跟句子中的实体 he、her 的认知状态无关。

例(41)是例(39)中的一句话。话语实体"黄老师"回指上文的"黄渤",是话语旧、听者旧。句子(41)对应的问题是:"黄老师做了什么事情或怎么了"。句子中的"开始发奋学习"回答了"做了什么事情或怎么了",构成焦点、关系新信息;而句子中"黄老师"部分构成预设、关系旧信息。

第五节　小　结

句子传递的信息可以包装成新和旧信息两大部分。新信息对应句子中对一个明示的或隐含的问句的应答部分,旧信息对应答句其余部分。言者假设听者知道的信息为已知信息,假设听者不知的内容为新信息。关系新、旧研究的对象是句子或者命题。确定关系意义上的新、旧对话语分析者的挑战在于,话语分析者需要"钻到"言者大脑中才能知道哪些信息是言者假设听者已知的,哪些信息是言者想要传递的新信息。区分关系新、旧的意义在于,语篇中的信息包装也受这种意义上的新、旧制约,这两个概念能解释话语新、旧等其他信息包装概念解释不了的语言现象。

很多文献直接或间接地研究关系意义上的新、旧,有的定义很明确,有的不是很明确,有的甚至混淆了不同意义上的新、旧,使用不同的术语表示关系新、旧。Gundel(1988, 1999)和 Gundel & Freitheim(2006)非常明确地区分了实体旧、新和关系旧、新。Halliday(1967)认为信息单位可视为对某隐含问题的回答,承载焦点的部分是新信息,新信息之外的部分则为旧信息,但他同时还认为,语言中的回指成分和指示成分在本质上是旧的。Clark & Haviland(1977)认为,旧信息指言者认为听者已经知道的信息而且认为其是真实的,新信息是指言者认为听者不知道的信息,提出了通过问答的方法来判断一个句子新、旧信息的分布,但他们还认为有定名词传递旧信息。根据 Prince(1992),关系意义上的新、旧体现的形式有重音或句法结构。各家信息理论一般把句子(命题)传递的信息笼统地分为关系新和关系旧两大部分。

很多研究认为,从关系新、旧信息的视角看,英语遵循着从旧到新的趋势,即关系旧信息倾向于出现在关系新信息之前。Halliday(1970)认为,在双宾和与格结构中,通常情况下,介词词组中的宾语传递新信息,而其他形式的间接宾语传递旧信息。Davidse(1996)发现,在双宾语结构中,绝大多数的间接宾语是旧的,绝大多数的直接宾语是新的;在与格结构中,大部分宾语是旧的,大部分介词宾语是新的。Bock(1977)发现,先旧后新是产出句子要遵循的一项重要原则。Quirk et al. (1985)认为,句子遵循尾重和尾焦的信息组织原则,在英语句子中,关系新信息会由任何成分承载,从一个音节到整个句子都有可能。Tannen(1987)认为,有些句子整个句子都是旧信息,不向听者传递任何信息,但这种全旧句可以起到很多语篇功能。Townsend & Bever(1977)认为,英语复合句的主从句在传递的信息上存在差异:主句一般表达断言信息而从句传递次要信息。Tomlin(1985)认为,从句传递背景信息,而主句传递前景信息。

我们的语料表明,英语句子呈现"关系旧+关系新"的趋势,从关系新、旧意义上讲,汉语句子也遵循从旧到新的趋势,英汉语句主要的信息包装模式都是"关系旧+关系新"。

注释

① Halliday 对新、旧信息的定义:

We can now see more clearly what the terms Given and New actually mean. The significant variable is: information that is presented by the speaker as recoverable (Given) or not recoverable (New) to the listener. What is treated as recoverable may be so because it has been mentioned before; but that is not the only possibility. It may be something that is in the situation, such as *I* and *you*; or in the air, so to speak; or something that is not around at all but that the speaker wants to present as Given for rhetorical purposes. The meaning is: this is not news. Similarly, what is treated as non-recoverable may be something that has not been mentioned; but it may be something unexpected, whether previously mentioned or not. The meaning is: attend to this; this is news. One form of "newness" that is frequent in dialogue is contrastive emphasis [...] (Halliday, 2004, 91)

② Dahl 区分的几种新、旧信息：

We started by discussing PROPOSITIONAL INFORMATION. Here the domain is roughly knowledge or beliefs about the world. The criterion is whether some piece of knowledge is assumed by the speaker to be known by the addressee or not.

Second, we considered at least three possible dichotomies with respect to concepts. The criterion in the first case (Chafe's main distinction) was whether a certain concept is assumed by a speaker to be in the consciousness of the addressee or not. For this we used the terms ON-STAGE and OFF-STAGE. In the second case, we ask if the concept is assumed by the speaker to be known by addressee or not, irrespective of whether he is at present conscious of it. Here, we used the terms KNOWN and UNKNOWN. In the third case, we ask if the concept has already been introduced in the previous discourse (PREVIOUS MENTION).

(Dahl, 1967, 46)

③ Tomlin 对前景和背景信息的定义如下：

Pivotal information: Propositions which describe the most important events in the narrative.

Foreground information: Propositions which describe successive events in the narrative.

Background information: Propositions which elaborate pivotal or foreground propositions, or which perform any other function in the narrative [...]

A given proposition represents pivotal information if, and only if, it is the most general proposition describing a significant event. A given proposition represents foreground information if, and only if, it is the most general proposition describing any other event. All other propositions represent background information.

A proposition is counted as less general if, semantically, the activity denoted by the predicate is entailed by the activity denoted by the predicate of another proposition describing the same event. (Tomlin, 1985, 90)

④ Flint, H., Back to the LA routine! David Beckham shows off his tattoos in a black T-shirt as he grabs a smoothie after a SoulCycle class,2015 年 3 月 28 日,http://www.dailymail.co.uk/tvshowbiz/article-3015853/David-Beckham-shows-tattoos-black-T-shirt-grabs-smoothie-SoulCycle-class.html? ITO=1490&ns_mchannel=rss&ns_campaign=1490,2016 年 6 月 28 日。

⑤ Kgold:《黄渤 成功来自"软坚持"》,《亚洲新闻人物》,2012 年 9 月 22 日,http://www.inventic.net/2012/Entertainment_0922/1245.html,2016 年 6 月 28 日。

第五章　信息度高和信息度低

指称语可以区分新、旧，还可以区分信息度高、低。在话语中，话语实体可以用一个具体的、详细的、明确的形式，如名词词组，来指称，也可以用一个不具体的、简单的、模糊的形式，如代词，来指称。名词比代词传递更多的词汇信息，前者信息度高而后者信息度低。区分信息度高、低的意义在于，这两个概念能解释其他信息包装概念，如话语新、旧，听者新、旧，词项新、旧，关系新、旧，解释不了的语言现象。

第一节　信息度高和信息度低定义

很多学者间接或直接地提出了信息度的概念，探讨词或语篇的信息度高、低，但各家使用的术语存在差异。(Bird，Franklin & Howard，2002；Bird，Howard & Franklin，2000；Clark & Clark，1977；Coltheart，1981；de Beaugrande，1977；de Beaugrande & Dressler，1981；Givón，1995；Jones，1985；Prince，1981)

1. 词的信息度

不同的词类具有不同的信息度。根据 de Beaugrande & Dressler(1981)和 de Beaugrande(1977)，信息度(informativity)指表达的内容对读者(听者)而言新、旧的程度，预测、不可预测的程度，已知、未知的程度。语言手段可以给读者标明重要信息的位置，引起读者注意。词类传递给读者信息。名词一般提供情景或物体的信息，动词一般描述动作或者事件，形容词和副词则提供动作的特点，介词和连词则提供事件或动作等之间的关系，冠词不但表明后面要出现名词而且通常情况下会出现一个上文未出现的名词。名词和动词通常出现在句子的某些典型位置上。一般来讲，实词比虚词传递更多的信息(more informative)，激活更广泛的信息，激发出更明显的情感或大脑意象。在语篇解读过程中，读者会跳过虚词，以一种模糊处理的方式直接把实词连接在一起。有些类型的语篇体现出很极端的经济原则，譬如，电报或路标经常省略虚词。

根据 Clark & Clark(1977，275)，名词、实义动词、形容词和副词等实词表征物体、事件和特征，传递句子的核心信息，承载句子的主要意思。冠词、代词、连词、助动词和介词等虚词把实词黏在一起，把某事物和某事物以某种方式连接在一起。他们认为，口语产出的过程是，首先确定一个提纲(outline)，然后确定名词等实词，再确定虚词，最后确定韵律和语速等。也就是说，在口语产出的过程中，先确定实词再确定虚词。

Givón (1995，49)认为，图符编码(iconic coding)遵循数量原则[①]：

a. 信息越多，编码的语言材料越多。

b. 信息越可预测，编码的语言材料越少。

c. 信息越重要，编码的语言材料越多。

原则(b)可用一个信息度的梯度(size gradient)来表示：名词＞独立代词＞非重读代词＞零代词(p. 50)。从名词到零代词表示信息的可预测性越来越低，或者说，名词用来表达最容易预测的信息，独立代词或非重读代词表达较容易预测的信息，零代词用来表达最不容易预测的信息。在例(1)中，名词传递的信息容易判断，而代词或零代词指称的实体就不像名词那么容易识别。

(1) a. Once there was a wizard. He lived in Africa. He went to China to [?] get a lamp. The wizard ...

b. Joe told Bill and then [?] Sally.

c. Joe told Bill, then he told Sally.

d. Joe told Bill, then he told Sally.

(p. 50)

从语义权重(semantic weight)的视角看，总的来讲，名词等实词传递意义或者说内容，虚词表明句子结构，实词比虚词传递更多的语义权重、更多语义。(Bird et al.，2002)

从意象性的视角看，不同词类的意象性(imageability)存在差异。总的来说，实词比虚词在人的大脑中更容易形成意象或者图像。实词的意象性比虚词高。(Coltheart，1981)人更容易回想起名词而不是虚词。(Bourassa & Besner，1994) Jones(1985)提出一个意象等级：名词>形容词>动词>人称代词>其他虚词。Bird，Howard & Franklin (2000) 也发现，名词比动词更容易形成意象(imageable)，更容易图片化(picturable)，或者说名词比动词意象性高。

2. 语篇信息度

根据 de Beaugrande & Dressler(1981)和 de Beaugrande(1977)，语篇需要传递一定的信息才能被视为是交际性的、是语篇，否则不能视为语篇。作者需考虑到读者对语篇的可接受性，考虑是否把任何信息都一一表达出来，是否都用语言明示出来。语篇传递的信息要具备一定的浓度。譬如，贝尔电话公司(The Bell Telephone Company)写的警示语体现了信息度的原则。

(2) Call us before you dig. You may not be able to afterwards.

(de Beaugrande & Dressler，1981，7)

看到该警示语，读者会推知，不打电话询问该公司就直接挖，可能挖断埋在地里面的电缆，这会导致不能打电话；或者遭到电击而受伤，也不能打电话。假如例(2)中的警示语改成下文：

(3) Call us before you dig. There might be an underground cable. If you break the cable, you won't have phone service, and you may get a severe electric shock. Then you won't be able to call us.

(p. 7)

例(3)把读者可推知的信息都直接表达出来，信息度低，而例(2)信息度高，更具有交际效果，you may not be able to 比例(3)中相应的表达更具有不可预测性。

他们认为，读者解读信息度高的语篇需付出更多的努力，但语篇会更有吸引力。尽管如此，信息度也不能过高，如果语篇和读者背景知识之间的差距太大，语篇会让读者迷惑不解、难以读懂，导致交际失败。语篇都要传递信息，不管其形式和内容具有多高的可预测性，总会有不可预测的内容。语篇和读者背景知识之间的差距太小或者说语篇信息度过低会让读者厌倦，甚至弃读。要实现有效交际，作者必须判断出，哪些信息是读者已知的而哪些信息是未知的、可融入到读者已知的信息中去的。譬如，在产出某个专业方面的语篇时，尽管传递同样的信息，面对该方面的专家和外行的语篇要分别诉诸不同的信息组织方式。

Prince(1981)把语篇比作一个食谱来说明，虽然描述同一件事，但是面向的读者不同，语篇的信息度也会因此而不同。食谱旨在让读者知道如何做一道菜，但同一道菜的食谱可能迥然不同。譬如 Le Repertoire de la cuisine 是法国专业厨师用的食谱，这里面每道菜的食谱只是几行字而已，而对于同一道菜面向大众的食谱则写得非常详细、面面俱到。关于同一道菜的两个食谱之所以存在很大的差异是因为作者对读者大脑中已有的信息有不同的假设，譬如成分、过程和厨房用具等各个方面的信息。例(4)是烤乳猪的两个食谱。

(4) a. Roast Suckling Pig:

10 servings

Preheat oven to 450°.

Dress, by drawing, scraping and cleaning:

A suckling pig

Remove eyeballs and lower the lids. The dressed pig should weigh about 12 pounds. Fill it with:

Onion Dressing, page 457, or

Forcemeat, page 458

It takes 2 1/2 quarts of dressing to stuff a pig of this size. Multiply all your ingredients, but not the seasonings. Use these sparingly until the dressing is combined, then taste it and add what is lacking. Sew up the pig. Put a block of wood in its mouth to hold it open. Skewer the legs into position, pulling the forelegs forward and bending the hindlegs into a couching stance. Rub the pig with:

Oil or soft butter

(A cut clove of garlic)

Dredge it with:

Flour

Cover the ears and the tail with aluminum foil. Place the pig in a pan uncovered in the oven for 15 minutes. Reduce the heat to 3250 and roast until tender, allowing 30 minutes to the pound. Baste every 15 minutes with:

About 2 cups boiling stock and the pan drippings

Remove the foil from the ears and tail before serving. Place the pig on a platter.

Remove the wood from the mouth. Replace it with a small:

Apple, lemon or carrot

Place in the eyes:

Raisins or cranberries

Drape around the neck a wreath of:

Small green leaves

Or garnish the platter or board with:

Cinnamon Apples, page 111, Apples Stuffed with Sweet Potatoes, page 111,

Apples Stuffed with Mincemeat, page 603, Tomatoes Florentine, page 307, etc.

Make:

Pan Gravy, page 322

To carve, place head to left of carver. Remove forelegs and hams. Divide meat down center of back. Separate the ribs. Serve a section of crackling skin to each person.

b. Cochon de Lait Anglaise:

—Farcir farce a l'anglaise. Rotir. (Translation: English Suckling Pig: Stuff with English stuffing. Roast.)

(pp. 234-235)

食谱(4a)和食谱(4b)都是关于烤乳猪。二者不同的是,食谱(4a)面向的读者是家庭主妇,而食谱(4b)面向的读者是专业厨师。食谱(4a)里面提到很多信息,如预热烤箱、清洗小猪、小猪肚子里面放的材料、嘴里放块木头以及将木头换成苹果等。这些信息对普通人而言是新信息而对专业厨师而言是已知信息,因此这些信息在食谱(4a)中陈述详细而在食谱(4b)中则省略。普通人看完食谱(4b)后,可能仍不知如何烤乳猪,而专业厨师则会觉得食谱(4a)啰唆,提供了一些没用的信息。尽管陈述同样一件事,但面向的读者不同,语篇详略就不同,或者说语篇信息度就不同。

作者对读者大脑中已有信息的假设，大大影响语篇的形式、信息的传递方式。从另一个角度看，语篇中的信息包装形式反映作者对读者大脑中已有信息的假设。

第二节　应　用

对于话题可及度（topic accessibility）的语言包装形式，Givón（1983a，17）提出一个跨语言、从最可及的话题到最不可及的话题等级，列出了包装这些话题的语言形式（grammatical devices）。

连续性最强或可及性最高话题

↕

- 零代词
- 非重读/结合代词或语法一致形式
- 重读/独立代词
- 右移位名词
- 中性词序的名词
- 左移位名词
- Y 移位名词（对比话题）
- 分裂/焦点结构
- 指称的无定名词

连续性最弱或可及性最低话题[②]

Brown（1983）研究了零代词（zero anaphora）、非重读代词（unstressed pronouns）、重读/独立代词（stressed/independent pronouns）、左移位（left dislocation）、带定冠词的名词（definite article＋NP）、带限定词的名词（demonstrative＋NP）、限定词（demonstrative alone）、姓名（names）、带属格名词（NP following possessive）、右移位（right dislocation）、被动形式（passivization）、Y 移位（Y-movement）、无定指称语（indefinite referentials）、存在/呈现和类指（existential/presentatives，generics）和分裂/焦点（cleft/focus）等语言形式，发现 Givón（1983a）的等级在英语叙事性语篇中成立。

Givón（1983b，359）的研究表明，在英语口语中，话题的连续程度跟表达话题的语言形式之间存在相关性，提出了下面的等级：

零代词＞非重读代词＞重读或独立代词＞有定名词＞带修饰语的有定名词

根据 Givón，在该等级中，越靠左边的是越连续的话题，而越靠右边，话题连续性越低。

根据 Fox(1987)，在不同的语言中，语篇单位起点的语言成分和语篇结构存在相关性，就语法和语篇之间的关系而言，很多语法现象需要在语篇层面上才能得到合理的阐释。在英语说明文中，名词倾向于出现在语篇单位起点指称话语中已经导入的实体，而语篇单位内部倾向于使用代词指称话语中已导入的实体。换句话说，代词可能出现在语篇单位的起点和内部，但倾向于出现在语篇内部；名词更有可能出现在语篇单位的起点，而这些语篇单位起点处即使使用代词指称旧实体，读者也能识别出来代词指称哪个话语实体。

(5) a. James S. Albertson has been appointed acting academic vice president by the Regents following President Saxon's recommendation.
(two paragraphs omitted)
b. Albertson will be responsible for...
c. He also is responsible for...
d. Albertson has been special assistant to Swain since 1978.
e. For four years prior to that he was assistant academic vice pres.
f. He joined UC in 1973 as director of analytic studies.
g. Albertson is a graduate in classics at St. Louis University.
h. He earned his M. A....
i. He joined the faculty at Loyola University...
j. He was also academic vice president at Santa Clara.

(p. 370)

在例(5)中，句(5a)表达了文章的中心思想，以一个名词 James S. Albertson 开篇。句(5b)的句首也是名词 Albertson，和句(5c)共同讲述 Albertson 的新职责。句(5d)以名词 Albertson 开始，和句(5e)以及句(5f)讲述 Albertson 在 UC 的经历。句(5g)以名词 Albertson 开始，和句(5h)、句(5i)、句(5j)讲述 Albertson 的学术经历。名词出现在句(5b)、句(5d)、句(5g)的起点。显然，名词倾向于出现在语篇单位的起点指称语篇中已导入的实体，而代词出现在语篇单位的内部指称旧实体。

根据 Ji(2007)，在叙事性语篇中，作者通常描写真实或虚构的世界中发生的一系列事件，这些事件一般发生在不同的故事片段(episode)中，在这些片段中不同的参与者在不同的时间、地点做了一些事情。在该研究中，片段指叙述性语篇的一部分，叙述一件事情(event)或一系列事情，自身构成一个连贯的话语单位。然而，片段在结构上并非铁板一块，可以分成更小的单位，即次片段(subepisode)。次片段除了叙述主要事件外，还叙述一些其他时间发生的事情、故事中人物的性格和观点、作者的观点、自然景观描写等，自身也构成连贯的、较小的话语单位。

Ji比较了叙事性语篇中片段和次片段起点的语言结构，即片段和次片段首句的主语和位于主语之前的状语，包括副词、副词词组和状语从句。根据Ji，片段首句的主语和位于主语之间的状语分别比次片段首句的主语和位于主语之间的状语使用更多的词汇来包装；含有状语的片段首句的百分比高于含有状语的次片段首句的百分比。总之，片段起点的语言结构，即段首句的主语和位于主语之间的状语，比次片段起点的结构使用更多的词汇来表达，或者说，使用更多的语言材料编码，因为片段起点的结构用来表明语篇内容的大中断(major break)。

(6) a. (E) <The harbor boundaries for Paros> are marked by the Portes Islets, two large rocks about 15 meters high, the taller one, about two kilometers from shore, is topped with a navigation light...

b. (E) Down in the lounge, <a woman with a baby in the arms> screamed. Then the light went out...

c. (SE) Suddenly, <the friends> spotted a safety exit under the bridge, with a wooden ladder hanging from it. In the midst of shoving and pushing, Lajoie began to climb, followed by Desautels...

d. (E) Strolling through the streets of Paros, <Steve Parry> had just notified his crew of amateur sailors that they would have to spend an extra day on the island if the Force 8 wind kept up. "It'd be crazy to leave under these conditions," he said.

(p. 296)

在例(6)中，片段(6a)的段首句的主语是The harbor boundaries for Paros；片段(6b)的段首句的状语是Down in the lounge，主语是a woman with a baby in the arms；次片段(6c)的段首句的状语是Suddenly，主语是the friends；片段(6d)的段首句的状语是Strolling through the streets of Paros，主语是Steve Parry。很明显，片段(6a)、片段(6b)和片段(6d)的段首句的主语和(或)状语比片段(6c)的段首

句的主语和状语使用更多的词语来包装。从另一个视角看，这些复杂和简单的词语成为大语篇单位和小语篇单位的标记语。

根据 Virtanen(1992a,1992b)，为了实现有效的交际，作者（言者）需要采取一些语篇策略(text strategy)或者说语篇连续体(text-strategic continuity)。这些连续体以时间、空间或话语实体为线索展开语篇，构成时间连续体、空间连续体或实体连续体等，构成一个个话题。譬如，语篇连续指称一个话语实体就构成一个连续体。连续体内部可能会有转换(shift)，从一个话语单位转换到另一个话语单位。这些转换有各种标记形式，如句首的时间状语、地点状语、名词（而不是代词指称一个上文已经提及的实体）。语篇也会中断，从一种连续体转到另一种连续体，譬如，从一个时间连续体转到一个地点连续体。书面语篇的单位包括小句、句子、段落和章。从等级（hierarchy）的视角看，语篇下分为节（section），节可以分为次节(subsection)、次次节等。在叙事性语篇中，节可以分为片段(episode)，片段可以继续分成语步(move)，语步通常包括几个句子。在空间描述性语篇中，除了片段之外，其他的单位都是一样的。不同的语篇单位标记词表明不同的语篇单位的等级。语篇中主转换(major shift)的标记词语在数量(number)上和（或）大小(size)上都超过次转换(minor shift)。在空间描述性语篇中，主语步(major move)的标记词比次语步(minor move)的标记词更明确。这些特点在叙事性和空间描述性语篇中都成立。

(7) a. One evening the woman found that there was a bit of milk left over after supper.

b. The cats sat still and stared at her. Then they all closed their big, round, yellow-green eyes.

(8) Off Dalry Road in Orwell Place is Dalry House, a mid 17th-centruy mansion restored and somewhat altered in 1969 as an old people's day centre. The house is an oblong 3-storey block with 2 semi-hexagonal towers capped with ogee roofs; the one at the south-west corner is a 19th-century addition. Inside is a notable 17th-century ceiling. The house was built for the Chieslie family of Dalry.

(1992b, 305)

在叙事性语篇例(7a)中，主转换的标记词是 One evening，而(7b)次转换的标记词是 Then。同理，在空间描述性语篇例(8)中，主转换的标记词是 Off Dalry Road in Orwell Place，次转换的标记词是 Inside。很明显，主转换的标记词比次转换的标记词更复杂，更明确。

Prideaux & Hogan(1993)发现，英语口语和书面语篇中，复合句的从句是否前置跟话语单位起点有关。在口语中，从句前置的复合句倾向于出现在片段起点，以表明新的话语单位、导入新的话题，或者说，充当话语单位界线，而从句后置的复合句倾向于出现在片段内部，以保持话语单位内部的信息流。片段起点的从句倾向于表明一个片段的结束、新片段的开始，或表明重大的事件。在叙事性书面语篇中，从句前置的复合句倾向于充当片段界线，而从句后置的复合句在片段内部起到连接的作用。总之，不管是在口语语篇还是叙事性书面语篇中，从句前置的复合句倾向于出现在片段起点，而从句后置的复合句倾向于出现在片段内部。

用语言传递信息时，哪些信息需要传递而哪些不需要？面向不同读者而又描述同一件事的两个语篇如何传递信息？面向不同读者的语篇的信息度是否有差异？为了研究以上问题，史成周(2015)在控制条件下诱导语料，把受试分成两组。在第一组中，发话者A有一张地图，上面各个地区都标注了地名和涂了颜色，其要描述这张地图上各个地区的颜色；交际者B手中的地图不同于A的地图，上面各个地区没有注明名字，各个地区也没涂色，B要根据A的描述给各个地区涂色。在第二组中，发话者A描述的地图和第一组中的A描绘的地图是同一张地图，但该组B的地图上的各个地区都已标注了地名。B根据A的描述给地图上的各地区涂色。例(9a)和例(9b)分别是第一和第二组产出的语篇。

(9)

(a) 第一组	(b) 第二组
A：　呃，最上面的是大兴安岭地区。	A：　大兴安岭
...紧挨着大兴安岭的是黑河。	...(N)[H]浅红。
...黑河的左下方是齐齐哈尔。	...(N)[H]黑河
...(N)[H]右下方是伊春。	...青。
...(N)齐齐哈尔和伊春之间是绥化。	...(N)[H]齐齐哈尔
...(N)[H]呃，挨着齐齐哈尔和绥化的是大庆。	...黄。
...(N)[H]挨着绥化和伊春的是哈尔滨。	...(N)[H]大庆
...(N)[H]呃，右上方挨着伊春的是鹤岗。	...浅红色。
...(N)[H]鹤岗的下方是佳木斯。	...(N)[H]绥化
...(N)[H]佳木斯下方是双鸭山。	...呃，深红，
...(N)[H]挨着双鸭山和佳木斯的是七台河。	紫色，

...(N)[H]挨着双鸭山和七台河的是鸡西。

...(N)[H][咳嗽]最下面的是牡丹江。

...(N)[H]大兴安岭是红色。

...黑河是蓝色。

...齐齐哈尔是黄色。

...绥化是紫色。

...大庆是红色。

...鹤岗和鸡西也是红色。

...(N)[H] 伊春、佳木斯、牡丹江是黄色。

B: [soft]佳木斯?

A:...[H]哈尔滨和双鸭山是蓝色。

...绥化和七台河是紫色。

...完了吧?

B: 牡丹江的颜色?

A:.. 牡丹江黄色。

<purple, purple>

...(N)[H]哈尔滨

...青。

...(N)[H]伊春

...黄。

...(N)[H]鹤岗

...浅红

<pink>

...(N)[H]佳木斯

...黄。

...(N)[H]双鸭山

...青。

...(N)[H]七台河

...紫。

...(N)鸡西

...红,

浅红。

...(N) [H]牡丹江

...黄。

<Ok>

<That's all>

在例(9a)中,从开始的“最上面的是大兴安岭地区”到“最下面的是牡丹江”这一部分传递的信息对例(9a)中的交际者 B 来说是新信息,因为 B 的地图上的各个地区未标注地名,但对例(9b)中的 B 来说是旧信息,因为该组中 B 的地图上的各个地区都标注了地名。因此,这些信息并没有出现在例(9b)中。尽管两组中的 A 的任务都是描述各个地区的颜色,但例(9a)中的 A 必须把地名方面的信息传递给 B,而例(9b)的 A 则不需传递这些信息。如果例(9a)中 A 不把这些信息先传递给 B,交际则无法进行,相反例(9b)中的 A 如果传递这些信息,即交际双方共知的信息,交际者 B 会觉得多余、莫名其妙。

很明显,描述同一件事,如面向不同的读者,包装信息的方式会截然不同。以传递信息为目的的语篇中,言者(作者)如果认为听者(读者)对要传递的信息知道得越少,传递时就要越详细,反之,越粗略。言者首先要考虑到听者已知的信息,然后构建语篇，传递听者不知的信息。为了有效地传递信息，言者需要传递听者不知的信息，即听者新信息。

第三节　实例分析

1. 英语语篇

一般来说，新实体由名词指称，旧实体由代词指称。换句话说，指称语信息度高、低能反映其指称的实体的新、旧。但是，在实际交际中，受语用等因素的影响，信息度高、低的指标语并不和新、旧实体完全对应。实体是用信息度高的还是低的指称语来包装，是语篇信息流的一个方面。为了便于比较不同意义上的新、旧信息，我们仍以第一章里面的英文语篇为例，分析指称语的信息状态以及信息度高、低的指称语在语篇中的分布规律。为了便于比较，主要话语实体的指称语的信息度在文中作了标注。

（10）**Back to the LA routine! David Beckham（信息度高）shows off his tattoos in a black T-shirt as he（信息度低）grabs a smoothie after a SoulCycle class**

a. He's（信息度低）been back in the UK for a number of months, but David Beckham（信息度高）slipped back into the LA lifestyle pretty easily upon his return to Tinseltown.

b. The ex-footballer（信息度高）was spotted after a SoulCycle class, looking buff and showing off his tattoos in a black T-shirt, shorts and snapback.

c. Following the workout, David（信息度高）, 39, headed to Juice Crafters, where he（信息度低）grabbed a smoothie and chatted with a few friends on Thursday.

d. David（信息度高）was joined by his family on Thursday where they were seen arriving at Los Angeles International Airport.

e. Harper（信息度高）was carried by her eldest brother Brooklyn（信息度高）who was clearly thrilled to be looking after her.

f. The three-year-old（信息度高）cut a bright figure against the darkened airport as she（信息度低）smiled for onlookers while wearing a vibrant yellow dress.

g. The 16-year-old(信息度高) protectively held his little sister tightly as he(信息度低) carried her through the terminal, making sure she(信息度低) was safe and sound after their long-haul flight.

h. And it's clear Harper(信息度高) got her knack for style from her super-chic mother Victoria(信息度高), who followed behind her children looking as sartorially flawless as ever.

i. The 40-year-old singer-turned-fashion designer(信息度高) showed off her effortless elegance as she(信息度低) arrived at LAX with Harper, Brooklyn and her middle children Cruz and Romeo.

j. Displaying her lean figure, the wife of football star David Beckham(信息度高) sported a sleeveless draping black blouse which she(信息度低) tucked into a pair of designer skinny jeans.

k. The former Spice Girl(信息度高), who is rarely spotted in flats, added some height with a pair of black ankle boots.

l. Victoria(信息度高) completed her look by layering on a long black vest jacket which was detailed with white buttons and matching stitching.

m. The eclectic outerwear was also collared and fringed on one side on the front.

n. The brunette beauty(信息度高) appeared glam up with her hair styled straight, as her eyes were concealed with oversized black sunglasses.

o. Victoria(信息度高) wore minimal accessories, dashing on a couple metallic necklace while carrying a subtle orange clutch.

p. The only thing that didn't appear up to par was her lipstick, which seemed to be slightly rubbed off.

q. However the mother-of-four(信息度高) still appeared every inch the fashion icon as she(信息度低) strolled through the airport with her children.

r. The British bombshell(信息度高) recently returned from a work trip to Beijing, where she(信息度低) was on an Asian fashion tour for her self-named collection.

s. David(信息度高) had been in Miami, Florida on Tuesday.

t. Plans to develop an ambitious new MLS franchise are firmly in place, and David(信息度高) was on hand to discuss the mooted project with representatives in the US.

u. The former Manchester United and Real Madrid midfielder(信息度高)

exited the offices of American delivery giant DHL with football agent and his best pal Dave Gardner, less than a day after flying into the coastal city from London.

v. David(信息度高) is looking to develop a new soccer team and a new stadium, close to the sweeping Miami coastline.

w. The ex-England(信息度高) captain revealed plans to launch a new $25 million MLS franchise after exercising an option tied into the lucrative contract he(信息度低) signed after making a potentially risky move from Madrid to Los Angeles Galaxy in 2007.

x. But the development of a new stadium has hit a snag, with an adequate location yet to be approved; team management, name and kit colours have also yet to be finalized by Beckham(信息度高) and his fellow investors. ③

(1)指称语信息度

在例(10)中,话语实体 David Beckham、Harper、Brooklyn、Victoria 在语篇中既用信息度高的名词,又用信息度低的代词来指称。

(10a) He(信息度低)... David Beckham(信息度高)...

(10b) The ex-footballer(信息度高)...

(10c) ... David(信息度高)... he(信息度低)...

(10d) David(信息度高)...

(10e) Harper(信息度高)... Brooklyn(信息度高)... her(信息度低)...

(10f) The three-year-old(信息度高)... she(信息度低)...

(10g) The 16-year-old(信息度高)... his little sister(信息度高)... he(信息度低)... she(信息度低)...

(10h) ... Harper(信息度高)... Victoria(信息度高)...

(10i) The 40-year-old singer-turned-fashion designer(信息度高)... she(信息度低)...

(10j) ... the wife of football star David Beckham(信息度高)... she(信息度低)...

(10k) The former Spice Girl(信息度高)...

(10l) Victoria(信息度高)...

(10n) The brunette beauty(信息度高)...

(10o) Victoria(信息度高)...

(10q) ... the mother-of-four(信息度高)... she(信息度低)...

(10r) The British bombshell(信息度高)... she(信息度低)...

(10s) David(信息度高)...

(10t) ... David(信息度高)...

(10u) The former Manchester United and Real Madrid midfielder(信息度高)...

(10v) David(信息度高)...

(10w) The ex-England captain(信息度高)... he(信息度低)...

(10x) ... Beckham(信息度高)...

(2)信息度高、低的词语的分布

信息度高的名词和信息度低的代词在原文自然段中的分布呈现一定的规律。话语实体 David Beckham 在语篇中共提及 14 次,其中 3 次用代词,11 次用名词。这 3 个代词中,其中两个代词都是用名词提及该实体后,在同一段落中再次提及才使用。该实体在第一段(10a)中用名词提及后,在下文每个新的段落中重新提及时,都使用名词。实体 Harper 在语篇中共提及 7 次,其中 3 次用代词,4 次用名词。这 3 个代词都是用名词提及该实体后在同一段中再次提及才使用的。这 4 个名词中,该实体首次导入语篇时,使用名词,在新的段落中重新提及时使用名词。实体Brooklyn在语篇中提及 3 次,其中 1 次用代词,2 次用名词。该实体首次导入语篇用名词,在新的一段中再次提及用名词。用名词提及后,在同一段落中再次提及使用代词。实体 Victoria 在语篇中共提及 13 次,其中 4 次用代词,9 次用名词。该实体用名词提及后,在同一段中再次提及使用代词。在这 9 个名词中,该实体首次导入语篇时使用名词,在新的段落中再次提及时使用名词形式。以上分析表明,在例(10)中,已经唤起的实体,在新的一段中重新提及时,倾向于使用信息度高的名词,而不是信息度低的代词,而在同一段落中再次提及时,倾向于使用信息度低的代词而不是信息度高的名词。

许多研究认为,语篇是由片段(episode)或语步(move)等语篇单位构成,有些语言现象无法从线性的角度来解释,需要从等级的视角(hierarchical view)来解释。(Fox, 1987; Grimes, 1984; Ji,2002,2007;Polanyi,1988)譬如,已唤起的话语实体在语篇单位起点再次提及时倾向于用名词指称而不是代词。根据故事语法(story grammar)理论(Mandler & Johnson, 1977; Meyer, 1975; Rumelhart, 1975; Thorndyke, 1977),故事分为背景(setting constituent)和情节(plot constituent)两大部分,情节可以继续下分为很多片段。该理论在心理上具有效度,在心理上是真实的(Black & Bower, 1979; Mandler & Goodman, 1982)。故事以片段的形式储存在人们记忆中,或者说,人们把一个片段的信息作为整体来回顾故事。譬如,Black & Bower(1979, 316)发现,"故事片段作为独立的单位储存在记忆中"。一些研究(Haberlandt, Berian & Sandson, 1980; Mandler & Goodman, 1982)发现了片段转换效应(episode-shift effect):读者阅读片段起点的句子比片段内部的句子需要花更多的时间。所有这些研究表明,片段是叙事性语篇的话语单位(Haberlandt, Berian & Sandson, 1980, 648)。

从等级的视角看,例(10)叙述了话语实体 David Beckham、Harper、Brooklyn 和 Victoria 4 个人的故事,可以分成以下几个片段:

片断一:(10a) He's been back in the UK for a number of months, but David Beckham... (10b) The ex-footballer... (10c) Following the workout, David, 39... (10d) David...

片断二:(10e) Harper... (10f) The three-year-old...

片断三:(10g) The 16-year-old...

片断四:(10h) And it's clear Harper...

片断五:(10i) The 40-year-old singer-turned-fashion designer... (10j) Displaying her lean figure, the wife of football star David Beckham... (10k) The former Spice Girl... (10l) Victoria... (10m)... (10n) The brunette beauty... (10o) Victoria... (10p) her... (10q) However the mother-of-four... (10r) The British bombshell...

片断六:(10s) David... (10t) Plans to develop an ambitious new MLS franchise are firmly in place, and David... (10u) The former Manchester United and Real Madrid midfielder... (10v) David... (10w) The ex-England captain... (10x) Beckham...

很明显,第一、二、三、四、五、六片段分别叙述 David Beckham、Harper、Brooklyn (the 16-year-old)、Harper、Victoria、David Beckham 的故事。可能是因为文章标

题中已经出现了 David Beckham，第一个片段开始处使用了代词 he，但在同一句中再次提及该实体时使用了名词。其余五个片段中，第一句话起点使用名词指称话语实体。

例(10)是讲述很多实体的故事，每个新的片段起点用名词指称实体是理所当然的，否则有些片段起点用代词指称实体有可能引起误解。事实上，只讲述一个话语实体的叙事性语篇中，话语片段和信息度高、低的词语之间仍存在相关性：信息度高的名词倾向于出现在新语篇单位起点处，新语篇单位起点处倾向于使用名词来指称上文已提及的实体而不是代词，尽管代词不会引起歧义。例如：

(11) a. On 1 October 2010 Professor Sir Leszek Borysiewicz became the 345th Vice-Chancellor of the University of Cambridge.

b. He was Chief Executive of the UK's Medical Research Council from 2007, and from 2001 to 2007 was at Imperial College London, where he served as Principal of the Faculty of Medicine and later as Deputy Rector.

c. Born in Wales, to Polish parents who settled there after the Second World War, he attended Cardiff High School and went on to the Welsh National School of Medicine, later taking up clinical and research posts in London. In 1988 he came to Cambridge as Lecturer in Medicine, and was a Fellow of Wolfson College (where he is now an Honorary Fellow). He went on to be Professor of Medicine at the University of Wales for the ten years until 2001.

d. As Deputy Rector of Imperial College, Sir Leszek was responsible for the overall academic and scientific direction of the institution, particularly the development of inter-disciplinary research between engineering, physical sciences and biomedicine.

e. Concurrently with his position at Imperial College, Sir Leszek was also Governor of the Wellcome Trust (2006-2007), Chairman of the UK Clinical Research Collaboration's Integrated Academic Training Awards Panel (2005-2007), and Chair of the HEFCE RAE Main Panel A Assessment Panel.

f. Professor Borysiewicz was knighted in the 2001 New Year's Honours List for his contribution to medical education and research into developing vaccines, including work towards a vaccine to combat cervical cancer.

g. He was a founding Fellow of the Academy of Medical Sciences in 1996 and a member of its Council from 1997 until 2002, Chairman of the NHS (Wales)

R & D Grants Committee and acting Director of NHS (Wales) Research and Development (1994-1996), a member of the Council of Cancer Research UK (2002-2005), a Non-Executive Director of North Thames Regional Health Authority (2003-2004) and a member of the MRC Council from 1995 to 2000. He was elected a Fellow of the Royal Society in 2008. ④

例(11)只讲述一个话语实体 Professor Sir Leszek Borysiewicz 的事情。该语篇的内容可以分成四个片段。第一个片段以时间为顺序简述 Leszek 的经历:(11a) Professor Sir Leszek Borysiewicz...;(11b) He... he;(11c) he... he... he... He...。第二个片段讲述 Leszek 的职责:(11d)..., Sir Leszek was responsible for...。第三个片段是关于 Leszek 的兼职:(11e)... Sir Leszek was also... (2006-2007)... (2005-2007)...。第四个片段涉及 Leszek 的医学贡献:(11f) Professor Borysiewicz...;(11g) He... He...。语篇中的 4 个名词 Professor Sir Leszek Borysiewicz、Sir Leszek、Sir Leszek、Professor Borysiewicz 分别出现在片段首句中,8 个代词都出现在片段内部的句子中。第二、三、四片段起点处的名词 Sir Leszek、Professor Borysiewicz 若换成代词 he 也不会引起歧义。从语用的视角看,这些名词在某种程度上成了话语单位、话题转换的标记。

2. 汉语语篇

为了比较不同意义上的新、旧信息,区分新、旧信息和信息度高、低,我们仍以第一章里面的中文语篇为例,分析指称语信息状态以及信息度高、低的指称语在语篇中的分布规律。主要实体"黄渤"的指称语的信息状态在文中作了标注。

(12) **黄渤(信息度高) 成功来自"软坚持"**

a. 5 月的电影档,黄渤(信息度高)除了在宁浩的《黄金大劫案》中客串了一个角色,(Ø 信息度低)还在管虎导演的《杀生》中担任主演,(Ø 信息度低)一如既往地扮演小人物。黄渤(信息度高)以《疯狂的石头》中的"黑皮"走红,(Ø 信息度低)一直走得就是小人物路线,不过,小人物(信息度高)也有大作为,2009 年,黄渤(信息度高)正是凭着在电影《斗牛》中饰演的一个小人物而获得台湾金马奖最佳男主角奖,小人物黄渤(信息度高)一跃而成影帝。

b. 黄渤(信息度高)的经历足以说明,演技不是从学校学来的,而是从生活中磨砺出来的。

c. 这位金马影帝(信息度高)的履历上,有长长的一串经历:(Ø 信息度低)当过 7 年职业歌手,(Ø 信息度低)同时兼过 8 年编舞和舞蹈教练,(Ø 信息度低)组过乐队,(Ø 信息度低)办过工厂制过鞋,(Ø 信息度低)开过玩具店,(Ø 信息度低)做过两年配音演员……看到如此丰富多彩的履历,连他(信息度低)自己也乐了:“这个人(信息度高)怎么这么不靠谱啊!”

d. 说到“不靠谱”,他(信息度低)小时候就已初现端倪。黄渤(信息度高)的父母都在政府机关单位工作,姐姐生意做得很成功,父母希望他(信息度低)能够进清华或北大,但他(信息度低)“上学不能说差,是相当差”,与父母的期待相去甚远。母亲常常白天在单位训完人,下午就到老师办公室里低着头挨训。

e. 学生时代,(Ø 信息度低)难得几次受到表扬,(Ø 信息度低)大多与他(信息度低)会唱歌、跳舞有关。黄渤(信息度高)喜欢唱歌,多年后他(信息度低)笑说自己当时“青春萌动,对自己的认识不是太清楚”,走的是又唱又跳的偶像路线。高中开始,他(信息度低)就正式在歌厅唱歌,(Ø 信息度低)做“伴餐歌手”,(Ø 信息度低)刚开始一个晚上能挣 15 块,(Ø 信息度低)后来很快涨到了 60 块、80 块,(Ø 信息度低)一个月下来能挣一两千,是当时父母收入的好几倍。(Ø 信息度低)发了工资之后,他(信息度低)假装淡定地把一摞钱拍在桌子上,父母才开始觉得,也许唱歌跳舞也可以成为孩子(信息度高)的饭碗。从此以后,黄渤(信息度高)每天晚上从歌厅回家,再也不用小心翼翼地开门,(Ø 信息度低)以免发出声响。

f. 那时候霹雳舞已经渐渐过时,电视上放的,大多是小虎队、迈克尔·杰克逊、麦当娜的歌,黄渤(信息度高)边看边学,(Ø 信息度低)边唱边跳,(Ø 信息度低)有了两套拿手节目。(Ø 信息度低)后来参加青岛的一个舞蹈比赛,(Ø 信息度低)被青岛健力美舞蹈学校的校长相中,力邀他(信息度低)当教练。

g. 他的那点绝活第一节课的上半截就教完了,(Ø 信息度低)后半截只好“复习”。回到家,黄老师(信息度高)开始发奋学习,(Ø 信息度低)自编自舞自学,(Ø 信息度低)现炒现卖,(Ø 信息度低)搬到课堂上,(Ø 信息度低)竟也没有穿帮。他(信息度低)当了 8 年的舞蹈教练,(Ø 信息度低)学生两三千,(Ø 信息度低)教师节时还能收到卡片。

h. 期间,黄渤(信息度高)开始参与歌厅的嘉宾演出,嘉宾比普通的驻唱歌手难度要大,不仅唱歌跳舞,还要负责串场主持,把场子搅热。

i. “一场 15～40 分钟,要求气氛特别好,简单鼓掌不行,必须唱到沸腾。”很快黄渤(信息度高)就总结出一套经验,屡试不爽。“在台上轻车熟路,怎么控制现场气氛。特别清楚第一首唱什么，观众有什么印象，中间说什么话，让大家和你有同样的感受，然后再唱个情绪特别高亢的，有个共鸣，第三首、第四首让大家 High 起来，最后温情一点，《朋友》之类的。”

j. 其间，黄渤(信息度高)搞了个组合“蓝色风沙”，(Ø 信息度低)带着乐队、伴舞队到处跑场子，现在的妻子小欧就是当时的一名伴舞。他们一群人通常摊开地图，觉得哪里好玩就杀到哪里。桂林、杭州、苏州是他们最先去的地方，他们赚过一些钱，也经常被人骗抢，生活中的唯一目标就是真正进入演艺圈。

k. 黄渤(信息度高)还写歌，他(信息度低)常坐在窗前，(Ø 信息度低)面朝大海，(Ø 信息度低)喝着小酒，小风一吹，文思泉涌。他(信息度低)给当时当红的歌手写过很多歌，这首是给王菲的，那首是为郭富城写的，(Ø 信息度低)但从来没有寄出去。“没用，后来自己就清楚了，还是有诸多原因，当时认为自己行，因为在那种环境里，其实差得很远。”

l. 黄渤(信息度高)的最后一站，是北京。在北京，他(信息度低)通过朋友窦鹏的关系，在王府饭店地下二层表演，同台的还有玩票性质的周迅。一场演出 200 块钱，除去房租，生活还算富足。但唱歌渐渐成了一种负担，(Ø 信息度低)有时在台上唱着歌，(Ø 信息度低)看着台下人喝着酒、划拳聊天，原来大家都是来听歌手唱歌，现在歌手成了背景，他(信息度低)渐渐开始怀疑起自己的生活。

m. 唱歌“再也带不来愉悦的感觉，你是为了一个目标，当目标不在时，你做这些还有什么意义”？那时候，他(信息度低)天一黑心情就不好，(Ø 信息度低)演出完心情就好了。

n. 一天早上，他(信息度低)上完厕所听见马桶“哗”的一声，(Ø 信息度低)突然觉得自己的青春就像这样，每天“哗”的一声，一天就过去了。刚好有朋友邀他(信息度低)回青岛建厂，于是，歌手黄渤(信息度高)摇身一变成了“黄代理”，(Ø 信息度低)每天西装革履，(Ø 信息度低)胳膊下夹着个公文包，(Ø 信息度低)不是跟车床打交道，(Ø 信息度低)就是在饭桌上跟人聊钢板轴承，(Ø 信息度低)每天喝得烂醉被司机扛上车送回家。

o. 渐渐地，腰包鼓起来了，肚子也起来了，“不好玩，除了挣点钱，其他任何快乐带不来，每天缠在事务性工作里，不是自己想要的”。他(信息度低)觉得这还不如唱歌好玩呢，至少唱歌的日子还有“哗”的一声响。

p. 2001 年，他的发小、演员高虎告诉他(信息度低)，导演管虎正在找一个会说山东话、长得不怎么帅的人演一部电影《上车，走吧》，黄渤(信息度高)把自己帅帅的演出照寄了过去，(Ø 信息度低)差点失去这次机会。(Ø 信息度低)首次触电，他(信息度低)就演的男二号，一个公车售票员。这部只拍了 11 天的短片获得了很多奖项，黄渤（信息度高）生平第一次走上了红地毯，（Ø 信息度低）进到颁奖礼的会场一看，这边坐着巩俐，那边是周星驰，之前的梦想竟这么快就实现了。

q. 他（信息度低）开始想转行做演员，（Ø 信息度低）把很多没搞明白的事情搞清楚，比如，他（信息度低）一直不明白导演只负责喊“开始”“停”，为什么人人都尊重他？于是他（信息度低）决定报考北京电影学院，（Ø 信息度低）一考不中，第二年他（信息度低）考上了两年制的配音专业。

r. 两年大学时光，黄渤（信息度高）很有自知之明，他（信息度低）知道自己年纪不小、基础还不怎么样，（Ø 信息度低）开始努力学习。（Ø 信息度低）毕业后，他（信息度低）成为抢手的配音演员，央视的译制片、影视剧，最忙的时候他（信息度低）一天配一部。

s. 如果不是宁浩，黄渤（信息度高）也许就一直做他的配音演员了，（Ø 信息度低）偶尔去唱唱歌，（Ø 信息度低）过过瘾。2006 年宁浩从《生存之民工》中看到黄渤（信息度高）时，还以为是导演管虎从工地上拉来的民工，宁浩把“黑皮”这个大龙套给了他（信息度低）。接下来，他（信息度低）成了黄金配角，（Ø 信息度低）演了不少苦戏，（Ø 信息度低）连着三个圣诞节都在钻下水道，拍《斗牛》的时候，（Ø 信息度低）每天都在狂奔，（Ø 信息度低）四个月跑坏了 38 双鞋，灯光师一看到他（信息度低），心里一咯噔，就知道又是一部很苦的戏。他（信息度低）笑称自己已经成了“苦戏代言人”了。

t. 兜兜转转，黄渤（信息度高）的人生又回到了演艺的轨道上来，他（信息度低）称之为“软坚持”，在细节上妥协，大方向上不变，他（信息度低）终归都没有脱离演艺这一行。

u. 总是演小人物，有人评价黄渤（信息度高）是国内无可取代的类型片演员，他（信息度低）也承认，“好多剧本来找的时候都跟我说，这个角色非你莫属。我觉得这就是你慢慢给人留下的印象。这个也是有好有坏，坏的方面这也是一种限制，有些角色他根本想都不往你这方面想”。

v. “一个白马王子去拯救公主的戏，如果你不让黄晓明去演，非要让我去，我勉强也能去。白马王子也有很多种……”还没说完，黄渤（信息度高）自己就笑得喘不上气了。⑤

（1）指称语信息度

在例（12）中，话语实体“黄渤”用名词、代词、零代词等信息度不同的形式来指称：

(12a)……黄渤(信息度高)……(Ø)(信息度低)……(Ø)(信息度低)……黄渤(信息度高)……(Ø)(信息度低)……黄渤(信息度高)……小人物黄渤(信息度高)……

(12b)黄渤(信息度高)……

(12c)这位金马影帝(信息度高)……(Ø)(信息度低)……(Ø)(信息度低)……(Ø)(信息度低)……(Ø)(信息度低)……(Ø)(信息度低)……(Ø)(信息度低)……(Ø)(信息度低)……他自己(信息度低)……

(12d)……他(信息度低)……黄渤(信息度高)……他(信息度低)……他(信息度低)……

(12e)……(Ø)(信息度低)……他(信息度低)……黄渤(信息度高)……他(信息度低)……他(信息度低)……(Ø)(信息度低)……(Ø)(信息度低)……(Ø)(信息度低)……他(信息度低)……孩子(信息度高)……黄渤(信息度高)……(Ø)(信息度低)……

(12f)黄渤(信息度高)……(Ø)(信息度低)……(Ø)(信息度低)……(Ø)(信息度低)……(Ø)(信息度低)……他(信息度低)……

(12g)他(信息度低)……(Ø)(信息度低)……黄老师(信息度高)……(Ø)(信息度低)……(Ø)(信息度低)……(Ø)(信息度低)……他(信息度低)……(Ø)(信息度低)……

(12h)……黄渤(信息度高)……

(12i)……黄渤(信息度高)……(Ø)(信息度低)……

(12j)……黄渤(信息度高)……(Ø)(信息度低)……

(12k)黄渤(信息度高)……他(信息度低)……(Ø)(信息度低)……他(信息度低)……

(12l)黄渤(信息度高)……他(信息度低)……(Ø)(信息度低)……(Ø)(信息度低)……(Ø)(信息度低)……他(信息度低)……

(12m)……他(信息度低)……(Ø)(信息度低)……

(12n)……他(信息度低)……(Ø)(信息度低)……他(信息度低)……歌手黄渤(信息度高)……(Ø)(信息度低)……(Ø)(信息度低)……(Ø)(信息度低)……(Ø)(信息度低)……(Ø)(信息度低)……

(12o)……他(信息度低)……

(12p)……他(信息度低)……他(信息度低)……黄渤(信息度高)……(Ø)(信

息度低)……他(信息度低)……黄渤(信息度高)……(Ø)(信息度低)……

(12q)他(信息度低)……(Ø)(信息度低)……他(信息度低)……他(信息度低)……(Ø)(信息度低)……他(信息度低)……

(12r)……黄渤(信息度高)……他(信息度低)……(Ø)(信息度低)……(Ø)(信息度低)……他(信息度低)……他(信息度低)……

(12s)……黄渤(信息度高)……(Ø)(信息度低)……(Ø)(信息度低)……黄渤(信息度高)……他(信息度低)……他(信息度低)……(Ø)(信息度低)……(Ø)(信息度低)……(Ø)(信息度低)……(Ø)(信息度低)……他(信息度低)……他(信息度低)……

(12t)……黄渤(信息度高)……他(信息度低)……(Ø)(信息度低)……他(信息度低)……

(12u)……黄渤(信息度高)……他(信息度低)……

(12v)……黄渤(信息度高)……

(2)信息度高、低指称语在话语中的分布

话语实体"黄渤"在语篇中使用名词指称 25 次,代词 36 次,零代词 51 次。在这些名词中,该实体首次导入语篇使用名词(4%),在新的段落起点处(段落起点处指某个段落首次指称相关实体的位置,不是指段落出现第一个词语的位置)指称该实体使用名词 13 次(52%),其他 11 个(44%)名词出现在段落内部。显然,名词倾向于出现在新的段落起点处指称旧的话语实体。在这些代词中,有 12 次(33%)在新的段落起点处回指上文提及的实体,而其他(67%)都是在段落内部再次指称该实体时使用。显然,代词倾向于指称同一段中已经唤起的实体。值得一提的是,在段落起点处指称已唤起的实体的代词的比例远远高于在英语语篇段落起点处回指实体的代词的比例[见上文例(10)的分析]。在这些零代词中,有 1 例(2%)在新的段落起点处指称旧实体,其他(98%)都是指称同一段落中名词或代词刚刚提及的实体。很显然,零代词倾向于指称同一段落上文刚刚唤起的话语实体。

话语实体"黄渤"在由名词导入语篇后,再次提及 111 次,其中使用名词提及 24 次(22%),使用代词提及 36 次(32%),使用零代词提及 51 次(46%)。显然,话语旧实体倾向于由零代词指称。实体"黄渤"在(12a)中由名词提及后,下文的 21 个段落中,有 13 个(62%)段落在起点处使用名词再次指称该实体,有 7 个(33%)段落在起点处使用代词指称，在1个(5%)段落在起点处使用零代词指称。很明显，段落起点处倾向于由名词指称旧的话语实体。

以上分析表明，在汉语语篇中，段落起点处倾向于使用信息度高的名词表达已经提及的实体，名词倾向于出现在段落起点处指称旧实体。不同于英语语篇，汉语经常在段落起点处用代词指称旧实体。这或许跟语料有关，因此以上结论需要在更大的语料里面验证。

例(12)讲述话语实体"黄渤"的事情。该语篇的内容可以分成三个片段。第一个片段讲述黄渤的成就：(12a)黄渤……。第二个片段讲述黄渤的演技是如何从生活中磨砺出来的：(12b)黄渤……；(12t)……黄渤……。第三个片段是对黄渤的评价：(12u)……黄渤……。这三个大的片段起点都是用名词"黄渤"指称该实体。

值得一提的是，语篇单位起点处多用名词回指上文的实体，语篇单位内部多用代词，这只是一个语用趋势。如上文所述，高达44%的名词"黄渤"出现在段内，指称话语旧实体"黄渤"。事实上，语篇单位内部有时须用名词，以避免歧义等。例如：

(13) 如果不是宁浩，黄渤也许就一直做他的配音演员了，偶尔去唱唱歌，过过瘾。2006年宁浩从《生存之民工》中看到黄渤时，还以为是导演管虎从工地上拉来的民工，宁浩把"黑皮"这个大龙套给了他。

(14) #如果不是宁浩，黄渤也许就一直做他的配音演员了，偶尔去唱唱歌，过过瘾。2006年他从《生存之民工》中看到他时，还以为是导演管虎从工地上拉来的民工，他把"黑皮"这个大龙套给了他。

例(13)中，实体"宁浩"在同一段落中再次提及时仍使用名词，实体"黄渤"在同一段落中提及时也用了名词来指称，假如把这些名词都换成代词"他"，变成例(14)那样，话语就很难理解了，容易引起歧义，读者不知道"他"到底指称哪个实体。

事实上，例(12)中多个话语实体共现，淡化了信息度高、低词语和话语单位之间的相关性。该语用规律在只涉及一个话语实体的语篇中体现得非常明显。

(15) a. 孟建民毕业于东南大学，获博士学位，现任深圳市建筑设计研究总院有限公司总建筑师、中国建筑学会常务理事、建筑师分会副理事长、深圳市勘察设计行业协会名誉会长。

b. 从业30余年，孟建民一直坚守在设计与工程实践第一线，走结合国情的原创之路。其建筑作品具有城市宏观研究的独特视角，始终体现全方位人文关怀的设计理念，这使其成为中国改革开放以来建筑创作的代表人物之一。多年来，他主持设计的一系列建筑作品都得到了广泛的赞誉，如玉树地震遗址纪念馆，从尊重藏民的文化信仰角度出发，以藏文化元素传递人文关怀，抚慰人们灾后的心灵创伤，成为当地藏民日常祈福的重要场所，荣获中国建筑设计金奖；又如香港大学深圳医院，其设计运用了诊疗中心模式和立体生态系统，创新的设计受到了国内外各界的高度评价，荣获卫生部颁发的“十一五”全国优秀医院设计大奖；再如昆明云天化集团总部，其设计获中国建筑学会建国六十周年创作大奖。他主持设计的其他重要工程还有合肥渡江战役纪念馆、深港西部通道口岸旅检大楼、合肥政务中心、深圳基督教堂等200余项，其中获得国家优秀设计奖、中国建筑设计金奖、世界华人建筑师协会金奖等各类专业奖项80余项。

c. 孟建民同时致力于建筑设计理论研究，在全国各专业刊物上发表相关学术论文近60篇，著有《本原设计》《新医疗建筑的创作与实践》等学术著作，主编《失重》《建筑设计技术细则与措施》等学术技术书籍。

d. 通过总结多年来的实践与思考，以及对行业存在问题的观察与反思，孟建民明确提出了“本原设计”理论，并以“健康、高效、人文”来重新诠释建筑的当代属性。他还针对中国建筑设计现状问题，系统性建构了“全方位思考、全过程统合、全专业协同”的“三全方法论”，为工程实践提供一套有效方法和路径，具有系统性实施的可操作性。

e. 孟建民在本原设计建筑创作中的探索和努力得到了业界的认可，于2006年获“全国工程勘察设计大师”称号，2007年获国务院颁发政府特殊津贴，2011年获深圳市首届杰出人才奖，2014年获中国建筑师最高荣誉奖——梁思成建筑奖，2015年获南粤百杰人才奖。

f. 孟建民当选为中国工程院院士，使深圳有了第二位本土诞生的院士，这既是他个人成就的体现，也是深圳的骄傲、深圳建总院的骄傲。[⑥]

例(15)只讲述一个话语实体“孟建民”。从指称语的视角看，6个名词“孟建民”都是出现在原文自然段(15a)～(15f)的起点处，4个代词“他”都是出现在自然段(15b)、(15d)、(15f)的内部位置。从话语位置的视角看，6个自然段的起点都是用名词“孟建民”来指称实体，自然段的内部位置都是用代词“他”来指称实体。很明显，信息度高的名词和话语单位起点密切相关：名词倾向于出现在话语单位起点指称旧实体，话语单位起点倾向于用名词指称旧实体。信息度比名词低的代词和话语单位内部的位置密切相关：代词倾向于出现在话语单位内部指称旧实体，话语单位内部倾向于用代词指称旧实体。

另外一点也值得一提，某类词在一种语言中是信息度低的，在另一种语言中未必如此。譬如，代词在英语中信息度低，但在汉语中，比代词信息度更低的是零代词，而且不同于英语，在汉语语篇中零代词出现的频率极高。

(16)　臧克家，山东诸城人。(Ø＝臧克家)生于1905年10月。(Ø)民盟成员。1930年至1934年(Ø)在国立山东大学中文系读书，1934年(Ø)毕业。(Ø)后任山东临清中学教员，1946年至1948年(Ø)任上海《侨声报》文艺副刊、《文讯》月刊、《创造诗丛》主编。

中华人民共和国成立后，臧克家历任华北大学三部研究员、新闻出版总署编审、人民出版社编审，中国作家协会书记处书记、理事、顾问，《诗刊》主编、编委、顾问。

1937年臧克家出版了第一本诗集《烙印》，(Ø)后出版有诗集《罪恶的黑手》《自己的写照》《运河》等。2000年1月(Ø)获首届中国诗人奖——终生成就奖。2003年(Ø)获由国际诗人笔会颁发的中国当代诗魂金奖。[7]

一方面，在例(16)中，3个名词"臧克家"都出现在段首，3个段首都是用名词指称实体"臧克家"。在该例中，名词和段首高度相关。例(16)和例(11)形成了鲜明的对照。例(16)中，3个自然段内部9处都是用零代词指称话语实体"臧克家"，而不是用代词"他"。在英语语篇例(11)中，有三个自然段的内部全部用代词he指称话语实体Professor Sir Leszek Borysiewicz，而这些地方不能用零代词。

第四节　信息度高和词项新

简单地讲，词的信息度高、低指词项传递的词义、意象的多少，涉及实词和虚词，而词项新、旧指词项是新的还是旧的，是否在上文提及过。信息度高、低跟话语单位起点和内部位置存在相关性，而词项新、旧跟是否重读相关。例如：

(17) a. On 1 October 2010 Professor Sir Leszek Borysiewicz became the 345th Vice-Chancellor of the University of Cambridge.

b. He was Chief Executive of the UK's Medical Research Council from 2007, and from 2001 to 2007 was at Imperial College London, where he served as

Principal of the Faculty of Medicine and later as Deputy Rector ...

c. Professor Borysiewicz was knighted in the 2001 New Year's Honours List for his contribution to medical education and research into developing vaccines, including work towards a vaccine to combat cervical cancer. ⑧

(18) a. 孟建民毕业于东南大学,获博士学位,现任深圳市建筑设计研究总院有限公司总建筑师、中国建筑学会常务理事、建筑师分会副理事长、深圳市勘察设计行业协会名誉会长。

b. 从业30余年,孟建民一直坚守在设计与工程实践第一线,走结合国情的原创之路。其建筑作品具有城市宏观研究的独特视角,始终体现全方位人文关怀的设计理念,这使其成为中国改革开放以来建筑创作的代表人物之一。多年来,他主持设计的一系列建筑作品都得到了广泛的赞誉……⑨

从信息度高、低的视角看,例(17c)中的 Professor Borysiewicz 是名词,信息度高,出现在自然段的起点;从词项新、旧的视角看,因为(17a)中已经出现了 Professor Sir Leszek Borysiewicz,所以例(17c)中的 Professor Borysiewicz 是词项旧,弱读。同理,从信息度高、低的视角看,例(18b)中的"孟建民"是名词,信息度高,出现在自然段的起点;从词项新、旧的视角看,因为(18a)中已经出现了"孟建民",所以例(18b) 中的"孟建民"是词项旧,弱读。

信息度高、低也不同于表示话语实体认知状态的话语新、旧和听者新、旧。例(17c)中的话语实体 Professor Borysiewicz 不但话语旧而且听者旧,因为该实体在例(17a)和例(17b)中已经提及。同样,例(18b)中的话语实体"孟建民"不但话语旧而且听者旧,因为该实体在例(18a)中已经提及。

第五节 小 结

话语实体可以用一个详细的、信息度高的形式来指称,也可以用一个简单的、信息度低的形式来指称。信息度高指词语传递很多的词汇信息,信息度低指词语传递很少的词汇信息。实词信息度高,虚词信息度低。对于同样的信息,内容可用详细的、信息度低的语篇来陈述,也可用简单的、信息度高的语篇来陈述。信息度低的语篇陈述的信息面面俱到,有可能冗余;信息度高的语篇陈述的信息粗略,有可能不足。区分信息度高、低的意义在于,这两个概念能解释其他信息包装概念,如话语新、旧，听者新、旧，词项新、旧，关系新、旧，解释不了的语言现象。

很多学者间接或直接地提出了信息度的概念。根据 de Beaugrande & Dressler(1981)和 de Beaugrande(1977)，信息度指表达的内容对读者(听者)而言新、旧的程度，预测、不可预测的程度，已知、未知的程度，实词比虚词传递更多的信息。Clark & Clark(1977)认为，实词传递句子的核心信息，承载句子的主要意思，而虚词只是把实词粘在一起。Givón(1995)认为，图符编码遵循数量原则，信息越可预测，编码的语言材料越少。Bird, Franklin & Howard(2002)认为，实词传递意义或者说内容，虚词表明句子结构，前者比后者传递更多语义。Coltheart(1981)认为，实词的意象性比虚词高。Bird, Howard & Franklin (2000)也发现，名词比动词更容易形成意象，更容易图片化，或者说名词比动词意象性高。de Beaugrande & Dressler(1981)和 de Beaugrande(1977)认为，语篇需要传递一定的信息才能视为语篇，语篇传递的信息要具备一定的浓度。

很多实证研究已经发现了信息度高、低对语篇的影响。Givón(1983a)提出一个从最可及的话题到最不可及的话题的等级，列出了包装这些话题的语言形式。Brown(1983)发现，Givón(1983a)的等级在英语叙事性语篇中成立。Givón(1983b)发现，在英语口语中，话题的连续程度跟表达话题的语言形式之间存在相关性，即语言形式越简单，话题连续性越高；语言形式越复杂，话题连续性越低。Fox(1987)发现，在英语说明文中名词倾向于出现在语篇单位起点回指话语已经导入的实体，而语篇内部的地方倾向于使用代词指称旧实体。根据 Ji(2007)，英语叙事性语篇中，片段起点的语言结构比次片段起点的语言结构使用更多的词汇，片段起点的语言结构用来表明语篇内容的大中断。Virtanen(1992a，1992b)发现，话语单位转换的位置有各种标记形式，不同的语篇单位标记词表明语篇单位的不同等级，大语篇单位转换的标记词在数量上和(或)大小上都超过小语篇单位转换的标记词，这些特点在叙事性和空间描述性语篇中都成立。Prideaux & Hogan(1993)发现，英语口语和书面语篇中，复合句的从句是否前置跟话语单位起点相关，从句前置的复合句倾向于出现在片段起点，而从句后置的复合句倾向于出现在片段内部。史成周(2015)发现，描述同一件事，如面向不同的读者，包装信息的方式会截然不同，语篇的信息度也会不同。

我们的语料也表明，在英语语篇中，话语单位和信息度高、低的词语之间存在相关性：名词倾向于出现在新语篇单位起点处，新语篇单位起点处倾向于使用名词回指话语旧实体而不是代词，尽管代词不会引起歧义。我们的汉语语料表明，信息度高、低的词语和话语单位密切相关：名词倾向于出现在话语单位起点指称上文已导入的实体，话语单位起点倾向于用名词回指话语旧实体；而信息度比名词低的代词和话语单位内部位置密切相关：代词倾向于出现在话语单位内部，话语单位内部倾向于用代词指称实体。名词在某种程度上成为话语单位、话题转换的标记。该语用规律在只涉及一个话语实体的语篇中体现得非常明显，话语中多个话语实体共现会淡化信息度高、低词语和话语单位之间的相关性。某类词在一种语言中是信息度低的，在另一种语言中未必如此。譬如，代词在英语中信息度低，但在汉语中，比代词信息度更低的是零代词，零代词在汉语语篇中出现的频率很高。

注释

① The quantity principle

(a) A larger chunk of information will be given a larger chunk of code.

(b) Less predictable information will be given more coding material.

(c) More important information will be given more coding material.

(Givón, 1995, 49)

② Givón (1983a, 17)提出的从最可及的话题到最不可及的话题的等级

Most continuous/accessible topic

↑ zero anaphora
unstressed pronouns/bound pronouns or grammatical agreement
stressed/independent pronouns
R-dislocated DEF-NP's
neutral-ordered DEF-NP's
L-dislocated DEF-NP's
Y-moved NP's ('contrastive topicalization')
cleft/focus constructions
↓ referential indefinite NP's

Most discontinuous/inaccessible topic

③ Flint, H., Back to the LA routine! David Beckham shows off his tattoos in a black T-shirt as he grabs a smoothie after a SoulCycle class, 2015 年 3 月 28 日，http://www.dailymail.co.uk/tvshowbiz/article-3015853/David-Beckham-shows-tattoos-black-T-shirtdgrabs-smoothie-SoulCycle-class.html? ITO=1490&ns_mchannel=rss&ns_campaign=1490，2016 年 6 月 28 日。

④ Professor Sir Leszek Borysiewicz, http://www.v-c.admin.cam.ac.uk/professor-sir-leszek-borysiewicz，2016 年 6 月 28 日。

⑤ Kgold:《黄渤 成功来自"软坚持"》,《亚洲新闻人物》,2012 年 9 月 22 日,http://www.inventic.net/2012/Entertainment_0922/1245.html,2016 年 6 月 28 日。

⑥ 深圳市国资委:《深圳市建总院孟建民当选中国工程院院士》,2015 年 12 月 8 日,http://www.sz.gov.cn/cn/xxgk/bmdt/201512/t20151208_3383390.htm,2016 年 6 月 28 日。

⑦ 山东大学档案馆:《臧克家》,http://www.archives.sdu.edu.cn/mingrendangan/zangkejia/zangkejia.htm,2016 年 6 月 28 日。

⑧ Professor Sir Leszek Borysiewicz,http://www.v-c.admin.cam.ac.uk/professor-sir-leszek-borysiewicz,2016 年 6 月 28 日。

⑨ 深圳市国资委:《深圳市建总院孟建民当选中国工程院院士》,2015 年 12 月 8 日,http://www.sz.gov.cn/cn/xxgk/bmdt/201512/t20151208_3383390.htm,2016 年 6 月 28 日。

第六章　分裂句和标记主位分裂句信息状态

下面的例句中,例(1)是个非标记结构,是未分裂句(noncleft),例(2)是分裂句(*it*-cleft),例(3)就是 Collins (1991a, 85)所谓的“标记主位分裂句”(marked thematic cleft,以下简称 MTC)[①]。

(1) The dog died.

(2) It was the dog that died.

(3) The dog it was that died.

例(3)也是分裂句,嵌入句 that died 的位置跟例(2)中的位置一样,引导词 that 也一样,但不同的是突出成分 the dog 前置到句首构成标记主位。我们拟以分裂句为参照物,基于真实语料描述 MTC,研究 MTC 和分裂句的异同点,揭示 MTC 的组成成分、信息状态等方面的语言特征。

第一节　文献回顾

研究分裂句的文献可谓汗牛充栋,不同语言学流派从形式的、功能的和认知的等不同的角度对其进行了大量的研究并且取得了丰硕的成果(综述可参见 Huang & Fawcett, 1996;黄国文,2003, 18-64),然而或许是受语料的限制等的原因,对 MTC 的研究却少得多。有的文献(Collins, 1991a; Eggins, 1994, 2004; Halliday, 1967, 1985, 1994;黄国文, 2003)对 MTC 作了有益的研究,有的文献(Collins, 1991b,2006; Declerck, 1983; Huddleston & Pullum, 2002; Quirk et al., 1985; 薄冰、何政安, 2003; 席秋香, 1994)仅仅提及这种语言现象,没有深入研究。从文献上来看,对 MTC 的研究大体上可分为以下几种情况。

1. 从主位的视角

在我们所掌握的文献里面,较早论及 MTC 的 Halliday(1967, 238)持以下观点:分裂句突出成分前置看上去是为了节奏变化;口语中使用 MTC 或许是为了明确突出成分的主位地位,从而避免了误把 it 当成主位,哪怕是短暂的;MTC 在会话中出现频繁;MTC 没有否定的陈述形式,这或许是进一步表明采用 MTC 这种结构是为了明示突出成分的主位地位。从 Halliday(1985, 94)对例(3)的分析来看,他把 MTC 和分裂句看成没有显著差异的语言现象。不知何故,Halliday(1994, 98)删除了对例(3)的分析,而是分析了一个分裂句。Halliday(2004, 156)则连例(3)都删除了。从 Halliday 分析 MTC 的轨迹来看,他对 MTC 的看法不确定而且越来越不明确。一方面,他自己的解释含含糊糊;另一方面,真实语料也不支持这种主位观,因为不是所有的分裂句都采用 MTC 的形式以避免误会或明确突出成分的主位地位,况且 MTC 出现的频率远远低于分裂句;MTC 的突出成分之前仍然可出现语篇主位,如例(4),人际主位,如例(5),甚至概念主位,如例(6);MTC 也有否定的陈述句形式,如例(7)。

(4) Lord, Lord, I had but to look into her eyes—But wait. Make no mistake. The Lady Om was no fool. I have said she was of my own age. All of thirty she was, with the poise of her years. She knew what she wanted. She knew what she did not want. It was because of this she had never married, although all pressure that an Asiatic court could put upon a woman had been vainly put upon her to compel her to marry Chong Mong-ju. He was a lesser cousin of the great Min family, himself no fool, and grasping so greedily for power as to perturb Yunsan, who strove to retain all power himself and keep the palace and Cho-Sen in ordered balance. *Thus Yunsan it was who in secret allied himself with the Lady Om, saved her from her cousin, used her to trim her cousin's wings.*

[Jack London: *The Jacket* (*Star-Rover*)]

(5) A bouillon is an universal remedy among the good people of France; insomuch, that they have no idea of any person's dying, after having swallowed un bon bouillon. One of the English gentlemen, who were robbed and murdered about thirty years ago between Calais and Boulogne, being brought to the post-house of Boulogne with some signs of life, this remedy was immediately administered.

"What surprises me greatly, (said the post-master, speaking of this melancholy story to a friend of mine, two years after it happened) I made an excellent bouillon, and poured it down his throat with my own hands, and yet he did not recover." *Now, in all probability, this bouillon it was that stopped his breath.* When I was a very young man, I remember to have seen a person suffocated by such impertinent officiousness.

(Tobias Smollett: *Travels Through France and Italy*)

(6) And then this coy young lady's very power of resistance began to give way. She had now battled for months against her own heart: first for her mother; then, in a far more terrible conflict for Raynal, for honor and purity; and of late she had been battling, still against her own heart, for delicacy, for etiquette, things very dear to her, but not so great, holy, and sustaining as honor and charity that were her very household gods: and so, just when the motives of resistance were lowered, the length of the resistance began to wear her out. For nothing is so hard to her sex as a long steady struggle. In matters physical, this is the thing the muscles of the fair cannot stand; *in matters intellectual and moral, the long strain it is that beats them dead.*

(Charles Reade: *White Lies*)

(7) This voice of fable has in it somewhat divine. It came from thought above the will of the writer. That is the best part of each writer, which has nothing private in it; that which he does not know; that which flowed out of his constitution, and not from his too active invention; that which in the study of a single artist you might not easily find, but in the study of many, you would abstract as the spirit of them all. *Phidias it is not, but the work of man in that early Hellenic world, that I would know.* The name and circumstance of Phidias, however convenient for history, embarrass when we come to the highest criticism. We are to see that which man was tending to do in a given period, and was hindered, or, if you will, modified in doing, by the interfering volitions of Phidias, of Dante, of Shakspeare, the organ whereby man at the moment wrought.

(Ralph Waldo Emerson: *Compensation*)

在例(4)～(6)中,突出成分之前分别有语篇主位 thus、人际主位 in all probability、概念主位 in matters intellectual and moral。例(7)是否定句。

Halliday(1985, 94)认为在例(3)中 it... that died 是主语,it 是 that died 的先

行词。但真实语料并不支持他这种观点。

(8) "Is Phorenice dead?" I asked.

"It remains for you to slay her, and take your kingdom, if, indeed, when all is done, there remains a man or a rood of land to govern. The sentence has gone out that she is to die, and it shall be carried into effect, even though we have to set loose the most dreadful powers that are stored in the Ark of the Mysteries, and wreck this continent in our effort. We have borne with her infamies all these years by command sent down by the most High Gods; but now she has gone beyond endurance, and *They it is who have given the word for her cutting off.*"

(Charles Cutcliffe Hyne: *The Lost Continent*)

(9) What we say about reality thus depends on the perspective into which we throw it. The that of it is its own; but the what depends on the which; and the which depends on us. Both the sensational and the relational parts of reality are dumb: they say absolutely nothing about themselves. *We it is who have to speak for them.* This dumbness of sensations has led such intellectualists as T. H. Green and Edward Caird to shove them almost beyond the pale of philosophic recognition, but pragmatists refuse to go so far. A sensation is rather like a client who has given his case to a lawyer and then has passively to listen in the courtroom to whatever account of his affairs, pleasant or unpleasant, the lawyer finds it most expedient to give.

(William James: *Pragmatism*)

(10) Oh, sir, whate'er of life
Remains to me I had foregone, ere proved
The horror of this hour! —and *you it is*
That have protected me?

(James Sheridan Knowles: *The Love-Chase*)

(11) Thus far I am with the Socialists, in that I denounce the commercial class, the bourgeois, the capitalists—call them what you will—as the supremely maleficent. They hold us at their mercy, and their mercy is nought. Monstrously hypocritical, they cry for progress when they mean increased opportunities of swelling their own purses at the expense of those they employ, and of those they serve; vulgar to the core, they exalt a gross ideal of well-being, and stink in their prosperity. The very poor and the uncommercial

> wealthy alike suffer from them; the intellect of the country is poisoned by their influence. *They it is who indeed are oppressors*; they grow rich on the toil of poor girls in London garrets and of men who perish prematurely to support their children. I won't talk of these people; I should lose my calm views of things and use language too much like this of the "Fiery Cross."
>
> (George Gissing: *Demos*)

例(8)中的 They it is who have given the word for her cutting off,例(9)中的 We it is who have to speak for them,例(10)中的 you it is That have protected me 和例(11)中的 They it is who indeed are oppressors 都表明,嵌入句的谓语动词在数上跟前置成分保持一致,而不是 it;或者说,嵌入句的先行项是前置成分,而不是 it。

跟 Halliday 的主位观相似的还有 Collins(1991a, 85 & 171-172)。Eggins (1994,2004, 319-320)也在系统功能语言学框架下分析 MTC,认为例(1)到例(3)反映了不同的标记程度,标记主位可增强语篇的连贯性等。我们认为,例(3)是否比例(2)或例(1)更能增强连贯性值得商榷。在标记主位与语篇的衔接连贯之间的关系上,张克定(2004)提出了标记主位的信息状态跟其语篇衔接功能负相关的理论,认为"从语篇衔接性的强弱来看,前置主位所传递的信息新信息性越弱,其语篇衔接性越强,反之,前置主位所传递的信息新信息性越强,其语篇衔接性则越弱。"如果张克定的观点成立,有的 MTC 的突出成分传递新信息,如例(12),不支持 Eggins 的观点。

卡地夫(Cardiff)学派也是从主位的角度研究分裂句,但是其理解不同于上述观点。Fawcett(转引自黄国文,2003,166)认为,分裂句的突出成分是强势非标记主位(enhanced unmarked theme),MTC 的突出成分是强势标记主位(enhanced marked theme)。不同于前者,黄国文(2003, 9-10)把分裂句和 MTC 归到一类,认为它们的突出成分都是强势标记主位,"强势主位可以进一步主位化"(p. 91),但是没有继续研究强势主位进一步主位化的语用理据。

以上文献都从主位结构的角度分析 MTC,但是存在分歧,况且仅从主位结构的角度无法解释例(12)和例(13)中两个 MTC 的信息状态上的不同。

(12) LAFEU. Sirrah, your lord and master's married; there's news for you; you have a new mistress.

PAROLLES. I most unfeignedly beseech your lordship to make some reservation of your wrongs. He is my good lord; whom I serve above is my master.

LAFEU. Who? God?

PAROLLES. Ay, sir.

LAFEU. *The devil it is that's thy master*. Why dost thou garter up thy arms o' this fashion? Dost make hose of thy sleeves? Do other servants so? Thou wert best set thy lower part where thy nose stands. By mine honour, if I were but two hours younger, I'd beat thee.

(William Shakespeare: *All's Well That Ends Well*)

(13)　"Who are you, and what want you here, that you come to the shore of Cutaia? Do you take no account of my rule, nor of my people the Colchians who serve me, who never tired yet in the battle, and know well how to face an invader?"

And the heroes sat silent awhile before the face of that ancient king. But Hera the awful goddess put courage into Jason's heart, and he rose and shouted loudly in answer, "We are no pirates nor lawless men. We come not to plunder and to ravage, or carry away slaves from your land; *but my uncle, the son of Poseidon, Pelias the Minuan king, he it is who has set me on a quest to bring home the golden fleece*. And these too, my bold comrades, they are no nameless men; for some are the sons of Immortals, and some of heroes far renowned."

(Kingsley: *The Heroes, or Greek Fairy Tales for My Children*)

从信息状态的角度看,例(12)中 MTC 的突出成分 the devil 在上文没有提及,传递的是新信息,而且跟上文的 God 构成对比,嵌入句 that's thy master 传递的信息在上文已出现,是已知信息,整个 MTC 回答了"谁是你的主人"这一问题,其中突出成分 the devil 是焦点,是关系新。例(13)中的 MTC 的信息状态跟例(12)相反,突出成分 he 回指上文的 my uncle, the son of Poseidon, Pelias the Minuan king,传递已知信息,嵌入句 who has set me on a quest to bring home the golden fleece 传递新信息,跟上文的 not to plunder and to ravage, or carry away slaves from your land 构成对比,整个 MTC 回答了这样一个问题:"他让我来做什么。"

2. 从形式的视角

从形式的视角研究分裂句的文献存在两种对立的观点。其一,有些文献往往认为,分裂句的组成部分按"it＋be＋突出成分＋嵌入句"的顺序排列,it 位于该序列的最左边,突出成分不能位于最左边。(Delahunty, 1984, 64; Fichtner, 1993, 8; Geluykens, 1988, 827; Perzanowski & Gurney, 1997, 212; Sornicola, 1988, 377)其二,与此相左的极端观点想当然地认为,分裂句的突出成分可随意前置。(Declerck, 1983, 237; Radford, 1988, 493)语料表明,这两种极端的观点都站不住脚。

3. 从主题化的视角

Declerck & Seki(1990, 27)认为,MTC 是焦点主题化(topicalization)。与此观点相左,McCawley(1981, 105-106)认为,分裂句的突出成分主题化非常别扭,可接受性值得怀疑。Ball(1994)认为,MTC 是焦点主题化结构。我们认为,单纯主题化这样一个术语并不能区分分裂句和 MTC 的不同以及 MTC 不同的语篇功能。Ball 还发现,早在 14 世纪就出现了嵌入句传递新信息,突出成分为介词词组的 MTC,但是直到 15 世纪早期才出现嵌入句传递新信息,突出成分为名词词组的 MTC。我们认为,MTC 的突出成分是否先出现介词词组然后才出现名词词组,还需要检索大量的中代英语乃至古代英语来验证,因为 Ball 检索的 12～13 世纪的语料毕竟很有限。

4. 其他分析

在有些文献中(Collins, 1991b, 2006; Delahunty, 1982, 101; Hedberg, 1990, 99; Huddleston, 1984, 460; Huddleston & Pullum, 2002, 1367 & 1420; Nelson, 1997, 342; Quirk et al., 1985;薄冰、何政安,2003, 92;席秋香,1994)仅提到分裂句的突出成分可以前置,即有 MTC 这种语言现象,但没有进一步研究。在谈论语言中的前置现象时,Quirk et al. (1985, 1379)提到了 MTC 这一现象:"就连分裂句,一种焦点结构,也要前置",但是没有进一步探讨前置要达到什么交际目的。他们还认为,分裂句中充当突出成分的人称代词在非正式语言中可用宾格形式,但是前置后用主格形式。(p. 1386)在我们的语料里面,突出成分前置后仍用宾格形式的实例确实非常少,只有一例,是出自一个文化水平低、满嘴语法错误的人物:

(14) "It ain't all jam being a god," said the sunburnt man, and for some time conversed by means of such pithy but unprogressive axioms. At last he took up his tale again.

> "There was me," said the sunburnt man, "and a seaman named Jacobs, and Always, the mate of the Ocean Pioneer. And *him it was that set the whole thing going*. I remember him now, when we were in the jolly-boat, suggesting it all to our minds just by one sentence [...]"
>
> (Herbert Wells: *Twelve Stories and a Dream*)

总之,前人对MTC的研究存在以下几个不足:其一,存在两种极端的观点,有的文献把MTC和分裂句看作是没有差别的语言现象,想当然地认为分裂句的突出成分可以任意前置,而有的文献则认为分裂句的突出成分前置很别扭。其二,有的文献提到了MTC这种现象,但只是列举两三个例句,没有进一步研究,实例太有限,无法揭示其语言规律。其三,有的文献尽管尝试着解释MTC,但研究的角度单一,只关注前置成分,忽视了嵌入句的信息量(heaviness或syntactic weight)等因素。

第二节　研究方法

1. 研究问题

鉴于上文提到的不足,我们有必要对MTC进行深入研究以揭示其语言规律。为了更有效地研究MTC,我们另外检索了大量大家熟知的分裂句,通过对MTC和分裂句进行对比来揭示MTC的独特之处,并借助语言学理论加以阐释。本研究试图回答以下4个问题:

1) MTC和分裂句结构组成成分是否相同?
2) MTC和分裂句突出成分的句法类别是否相同?
3) MTC和分裂句突出成分、嵌入句的信息量是否相同?
4) MTC和分裂句突出成分的句法功能类别是否相同?

或许有不同的学术观点认为,MTC出现频率较低,没有值得研究的意义,但我们认为正是它的频率远低于分裂句说明它会不同于分裂句,假若它的频率很高,这或许意味着它跟分裂句没有多大的区别。从构式的语用、功能的角度讲,结构是意义的实现手段(黄国文,1998),发话者采用命题意义相同而结构不同的构式不是随机的而是受一定的语用、功能的制约。这是我们进行该研究的一个重要理论前提。

2. 研究工具

该研究采用 Word 和 WordSmith Tools 4.0 检索分裂句和 MTC 实例，采用 SPSS 13.0 对分裂句和 MTC 的差异进行显著性检验。

3. 语料收集

该研究检索的语料包括 2000 部英语作品（短篇小说集或诗集视为一部，譬如 H. W. Longfellow 33 万字的诗歌全集视为一部作品），体裁涉及小说、戏剧、诗歌、人物传记、学术著作、游记、演讲等。从出版时间上来看，作品大部分是 1800 年到 1950 年这个时间阶段出版的，较早的作品是 William Shakespeare（1564～1616）的 43 部作品（共约 91 万字）。从这种意义上说，本研究发现的 MTC 的特点反映的只是 16 世纪到 20 世纪中期这一阶段英语 MTC 的特点。语料共计约 1.1 亿词，共检索出 610 个 MTC 实例，出现的频率是大约每 18 万词 1 个 MTC。我们用 Word 检索了 610 个大家熟知的分裂句作参照物。

尽管我们对 MTC 结构了解甚少，譬如，该结构中的关系代词有哪些？be 的形式有哪些？突出成分有哪些类别？这些方面是否跟分裂句的情况一样，诸多因素都不确定，但我们可以确定的是，MTC 中必有的成分是 it，而且 it 的首字母是小写。

因此，从语料中检索 MTC 实例分两步。首先，我们采取了最耗时但是最精确的办法，即用 Word 里面的查找功能查找 it 来检索 MTC。这一阶段耗时特别长，查找了 416 个 MTC 实例。根据这些实例，MTC 的组成部分大体上可用如下公式来总结：

［连词］\［插入语］\［左移位］\［焦点副词］＋突出成分＋［焦点副词］\［插入语］＋it＋［情态动词］\［插入语］＋be＋［否定］\［焦点副词］\［右移位］\［插入语］\［嵌入句修饰成分］＋引导词＋嵌入句

在上述公式中，带方括号的成分不是必有的。虽然这样的成分看上去很多，但从语料上来看，两个同时出现的频率很低。引导词也可零位，但极少。焦点副词修饰的是突出成分。

(1)it 和引导词之间的距离

根据 MTC 中 it 到引导词之间的距离（以两者之间的字数为标准），我们对第一阶段检索出的 MTC 进行了分类(见表 6-1)。

表 6-1　　MTC 中 it 到引导词的距离及 MTC 分布

it 到引导词的距离	MTC 数量
1	374(89.9%)
2	13(3.1%)
3	9(2.2%)
4	1(0.24%)
5	5(1.2%)
6	3(0.72%)
7	3(0.72%)
8	1(0.24%)
9	1(0.24%)
10	1(0.24%)
11	3(0.72%)
12	1(0.24%)
17	1(0.24%)
总计	416(100%)

根据语料,距离为 1 的 MTC 中, it 和引导词之间只有 was 或 is。距离为 2 的 MTC 中, it 和引导词之间除了 was 或 is 之外,一般还有一个焦点副词,如 also、too、indeed 等,或者其他词。例如:

(15) "I think she's going," said the Rector's wife. "She was very red in the face when we left dinner. I was obliged to unlace her."

"She drank seven glasses of champagne," said the reverend gentleman, in a low voice; "and *filthy champagne it is*, *too*, *that my brother poisons us with*—but you women never know what's what."

"We know nothing," said Mrs. Bute Crawley.

(William Makepeace Thackeray: *Vanity Fair*)

(16) IT chanced in the year 1813 that Archie strayed one day into the Justiciary Court. The macer made room for the son of the presiding judge. In the dock, the centre of men's eyes, there stood a whey-coloured, misbegotten caitiff, Dun-

can Jopp, on trial for his life. His story, as it was raked out before him in that public scene, was one of disgrace and vice and cowardice, the very nakedness of crime; and the creature heard and it seemed at times as though he understood—as if at times he forgot the horror of the place he stood in, and remembered the shame of what had brought him there. He kept his head bowed and his hands clutched upon the rail; his hair dropped in his eyes and at times he flung it back; and now he glanced about the audience in a sudden fellness of terror, and now looked in the face of his judge and gulped. There was pinned about his throat a piece of dingy flannel; and *this it was perhaps that turned the scale in Archi's mind between disgust and pity*. The creature stood in a vanishing point; yet a little while, and he was still a man, and had eyes and apprehension; yet a little longer, and with a last sordid piece of pageantry, he would cease to be.

(Robert Louis Stevenson: *Weir of Hermiston*)

在距离为 3 的 MTC 中，it 和引导词之间除了 was 或 is 之外，一般有一个插入语，如 I believe、I think、I suppose 等。例如：

(17) I don't know why it should be, but everybody is always so exceptionally irritable on the river. Little mishaps, that you would hardly notice on dry land, drive you nearly frantic with rage, when they occur on the water. When Harris or George makes an ass of himself on dry land, I smile indulgently; when they behave in a chuckle-head way on the river, I use the most blood-curdling language to them. When another boat gets in my way, I feel I want to take an oar and kill all the people in it.

The mildest tempered people, when on land, become violent and bloodthirsty when in a boat. I did a little boating once with a young lady. She was naturally of the sweetest and gentlest disposition imaginable, but on the river it was quite awful to hear her.

"Oh, drat the man!" she would exclaim, when some unfortunate sculler would get in her way; "why don't he look where he's going?"

And, "Oh, bother the silly old thing!" she would say indignantly, when the sail would not go up properly. And she would catch hold of it, and shake it quite brutally.

Yet, as I have said, when on shore she was kind-hearted and amiable enough.

The air of the river has a demoralising effect upon one's temper, and *this it is, I suppose, which causes even barge men to be sometimes rude to one another, and to use language which, no doubt, in their calmer moments they regret.*

(Jerome K. Jerome: *Three Men in a Boat*)

(18) I was to be a clerk under the engineer who had undertaken to make the little branch line from Eltham to Hornby. My father had got me this situation, which was in a position rather above his own in life; or perhaps I should say, above the station in which he was born and bred; for he was raising himself every year in men's consideration and respect. He was a mechanic by trade, but he had some inventive genius, and a great deal of perseverance, and had devised several valuable improvements in railway machinery. He did not do this for profit, though, as was reasonable, what came in the natural course of things was acceptable; he worked out his ideas, because, as he said, "until he could put them into shape, they plagued him by night and by day". But this is enough about my dear father; it is a good thing for a country where there are many like him. He was a sturdy Independent by descent and conviction; and *this it was, I believe, which made him place me in the lodgings at the pastry-coo's.* The shop was kept by the two sisters of our minister at home; and this was considered as a sort of safeguard to my morals, when I was turned loose upon the temptations of the county town, with a salary of thirty pounds a year.

(Elizabeth Gaskell: *Cousin Phillis*)

在距离为4或更大的MTC中，it和引导词之间除了was或is之外，出现的成分可能是前置成分的右移位，如例(19)，也可能是嵌入句的修饰成分，如例(20)和例(21)。

(19) Her brother gave only a smile to this accusation, and soon afterwards said, "I do not quite know what to make of Miss Fanny. I do not understand her. I could not tell what she would be at yesterday. What is her character? Is she solemn? Is she queer? Is she prudish? Why did she draw back and look so grave at me? I could hardly get her to speak. I never was so long in company with a girl in my life, trying to entertain her, and succeed so ill! Never met with a girl who looked so grave on me! I must try to get the better of this. Her looks say, 'I will not like you, I am determined not to like you' and I say she shall."

"Foolish fellow! And so this is her attraction after all! *This it is, her not caring about you, which gives her such a soft skin, and makes her so much taller, and produces all these charms and graces*! I do desire that you will not be making her really unhappy."

(Jane Austen: *Mansfield Park*)

(20) So, when there came a ship, Old Kinoos stepped forward and said he would show the way. He was an old man then, and his hair was white; but he was unafraid. And he was cunning, for he took the ship to where the sea sucks in to the land and the waves beat white on the mountain called Romanoff. The sea sucked the ship in to where the waves beat white, and it ground upon the rocks and broke open its sides. Then came all the people of Pastolik, (for this was the plan), with their war-spears, and arrows, and some few guns. But first the Russians put out the eyes of Old Kinoos that he might never show the way again, and then they fought, where the waves beat white, with the people of Pastolik.

Now the head-man of these Russians was Ivan. *He it was, with his two thumbs, who drove out the eyes of Kinoos*. He it was who fought his way through the white water, with two men left of all his men, and went away along the rim of the Great Fog Sea into the north.

(Jack London: *Negore, the Coward*)

(21) One of the stablemen who had not gone out, Henderson by name, worked at Billy's stables. Despite the urging of the bosses to eat and sleep in the stable like the other men, Henderson had persisted in coming home each morning to his little house around the corner from Saxon's on Fifth street. Several times she had seen him swinging along defiantly, his dinner pail in his hand, while the neighborhood boys dogged his heels at a safe distance and informed him in yapping chorus that he was a scab and no good. But one evening, on his way to work, in a spirit of bravado he went into the Pile-Drivers' Home, the saloon at Seventh and Pine. There it was his mortal mischance to encounter Otto Frank, a striker who drove from the same stable. Not many minutes later an ambulance was hurrying Henderson to the receiving hospital with a fractured skull, while a patrol wagon was no less swiftly carrying Otto Frank to the city prison.

Maggie Donahue it was, eyes shining with gladness, who told Saxon of the happening.

"Served him right, too, the dirty scab," Maggie concluded.

(Jack London: *The Valley of the Moon*)

在例(19)中,this 指 her not caring about you。在例(20)中,with his two thumbs 修饰动词 drove out。在例(21)中,eyes shining with gladness 是动词 told 的伴随状语。

(2)be 的形式

MTC 的 be 的形式一般是 is 或 was,有时前面有情态动词 may、must 等,表示"猜测"等意义。例如:

(22) The woman—or girl, rather, he decided—walked along the veranda toward him. The two men waited at the head of the steps, watching curiously. The girl was angry; he could see that. Her gray eyes were flashing, and her lips were quivering. That she had a temper, was his thought. But the eyes were striking. He decided that they were not gray after all, or, at least, not all gray. They were large and wide apart, and they looked at him from under level brows. Her face was cameo-like, so clear cut was it. There were other striking things about her—the cowboy Stetson hat, the heavy braids of brown hair, and the long-barreled 38 Colt's revolver that hung in its holster on her hip.

"Pretty hospitality, I must say," was her greeting, "letting strangers sink or swim in your front yard."

"I—I beg your pardon," he stammered, by a supreme effort dragging himself to his feet.

His legs wobbled under him, and with a suffocating sensation he began sinking to the floor. He was aware of a feeble gratification as he saw solicitude leap into her eyes; then blackness smote him, and at the moment of smiting him his thought was that at last, and for the first time in his life, he had fainted.

The ringing of the big bell aroused him. He opened his eyes and found that he was on the couch indoors. A glance at the clock told him that it was six, and from the direction the sun's rays streamed into the room he knew that it was morning. At first he puzzled over something untoward he was sure had happened. Then on the wall he saw a Stetson hat hanging, and beneath it a full cartridge-belt and a long-barreled 38 Colt's revolver. The slender girth of the belt told its feminine story, and he remembered the whale-boat of the day before and the gray eyes that flashed beneath the level brows. *She it must have been who had just rung the bell*. The cares of the plantation rushed upon him, and he sat up in bed, clutching at the wall for support as the mosquito screen lurched dizzily around him. He was still sitting there, holding on, with eyes closed, striving to master his giddiness, when he heard her voice.

(Jack London: *Adventure*)

在例(22)中,最后一段的第一句话 The ringing of the big bell aroused him 表明有人敲响了钟。问题是:是谁敲的钟? MTC *She it must have been who had just rung the bell* 作了一个猜测。

(3)MTC 引导词

MTC 的引导词有 that、which 和 who 等。在用 Word 检索的这个过程中,我们检索到了 as 作引导词的分裂句和 MTC 实例。例如:

(23) "An' was there no more to be got?" Turning to the clergyman—"A man gets that caked up wi'th dust, you know, —that clogged up down a coal-mine, he NEEDS a drink when he comes home."

"I am sure he does," said the clergyman.

"But it's ten to one if there's owt for him."

"There's water—and there's tea," said Mrs. Morel.

"Water! *It's not water as'll clear his throat*."

He poured out a saucerful of tea, blew it, and sucked it up through his great black moustache, sighing afterwards.

(David Lawrence: *Sons and Lovers*)

(24) It was us as went out of the light into the dark.

(Frances Burnett: *The Dawn of a To-morrow*)

(25) "Does Dr. Watson live here?" asked a clear but rather harsh voice. We could not hear the servant's reply, but the door closed, and some one began to ascend the stairs. The footfall was an uncertain and shuffling one. A look of surprise passed over the face of my companion as he listened to it. It came slowly along

the passage, and there was a feeble tap at the door.

"Come in," I cried.

At my summons, instead of the man of violence whom we expected, a very old and wrinkled woman hobbled into the apartment. She appeared to be dazzled by the sudden blaze of light, and after dropping a curtsey, she stood blinking at us with her bleared eyes and fumbling in her pocket with nervous, shaky fingers. I glanced at my companion, and his face had assumed such a disconsolate expression that it was all I could do to keep my countenance.

The old crone drew out an evening paper, and pointed at our advertisement. "*It's this as has brought me, good gentlemen,*" she said, dropping another curtsey; "a gold wedding ring in the Brixton Road."

(Arthur Doyle: *A Study in Scarlet*)

(26) "You don't know Jem," said Mary, starting from her seat in a hurried manner, "or you would not say so."

"I hope I may be wrong but think, Mary, how much there is against him. The shot was fired with his gun; *he it was as threatened Mr. Carson not many days before*; he was absent from home at that very time, as we know, and, as I'm much feared, some one will be called on to prove; and there's no one else to share suspicion with him."

(Elizabeth Gaskell: *Mary Barton*)

根据以上 MTC 的结构特征和 MTC 中 it 到引导词之间的距离,第二阶段借助软件 WordSmith Tools 中的 SW(search words)、CW(context words)、CSH(context search horizons)检索出更多的 MTC 实例。软件检索的具体操作方法、依据、遇到的问题和解决办法如下。

根据表 6-1,it 到引导词之间距离为 1 的 MTC 占 89.9%(374),代表着 MTC 的绝对主流;距离为 2 或更大的 MTC 出现的概率非常小。因此,我们的检索设置如下:

SW: = =it= =

CW: that\who\whom\which\whose\as

CSH: L0 to R2

检索结果存在两个问题：其一，检索结果中有很多非 MTC 结构，需要人工从检索结果中找出 MTC。譬如，把 CW 设为 who，检索 Charles Dickens 的 *A Child's History of England*，结果如下：

N	Concordance
1	which their liberties were, chose for **it those who** were best known for their determined opposition to the King; but
2	re traitors, who had secretly assisted **it, and who** had been prepared publicly to join it on the following day. In th
3	one son, THOMAS A BECKET. **He it was who** became the Favourite of King Henry the Second.

检索结果中只有一个 MTC：He it was who became the Favourite of King Henry the Second。

其二，不能把所有的 MTC 都检索出来，但这只对计算 MTC 出现的频率有影响，并不影响 MTC 和分裂句之间信息状态、信息度等方面的对比。实际上，CSH 不管怎么设置，总可能有漏掉的 MTC，一网捞尽的可能性很小，因为在理论上讲，it 到引导词之间的距离并没有上限。譬如，在用 Word 检索时，我们检索到一个 it 和引导词之间相隔 17 个字的实例：

(27) "Ah!" cried the other, "you misjudge me. You think me one who clings to life for selfish and commonplace considerations. But let me tell you that were all this caravan to perish, the world would but be lightened of a weight. These are but human insects, pullulating, thick as May-flies, in the slums of European cities, whom I myself have plucked from degradation and misery, from the dung-heap and gin-palace door. And you compare their lives with mine!"

"You are then a Mormon missionary?" asked my father.

"Oh!" cried the man, with a strange smile, "a Mormon missionary if you will! I value not the title. Were I no more than that, I could have died without a murmur. But with my life as a physician is bound up the knowledge of great secrets and the future of man. *This it was, when we missed the caravan, tried for a short cut and wandered to this desolate ravine, that ate into my soul, and, in five days, has changed my beard from ebony to silver.*"

(Robert Stevenson & Fanny Stevenson: *The Dynamiter*)

从文体的角度来看，MTC 实例在小说、诗歌、戏剧和学术著作中都有分布，不受文体的制约。我们在语料里面检索到的 MTC 实例较早的当属 William Shakespeare 的 43 部作品里的 8 个 MTC 实例。

该研究衡量突出成分和嵌入句信息量的标准是根据其包含的字数，这种方法不但可以揭示分裂句的突出成分和嵌入句与 MTC 的突出成分和嵌入句之间的相对信息量，而且可以揭示这两种构式各自突出成分和嵌入句之间的相对信息量。

第三节　数据分析与讨论

1. 组成成分的异同点

从句法结构的角度看，分裂句的基本形式是：it＋be＋突出成分＋that(which 等)＋嵌入句；MTC 的基本形式是：突出成分＋it＋be＋that(which 等)＋嵌入句。在 MTC 的实例中，be 的形式主要是 was 和 is：was 占 68.5%(418)，is 占 30%(183)，二者共占 98.5%；must have been 占 1.1%(7)，may have been 和 had been 各占 0.2%(1)。从语料上来看，MTC 的引导词有 that, who, whom, which, whose，介词＋which，介词＋whom 和 as(关于分裂句的引导词参见 Collins, 1991a, 36; Prince, 1978, 883; Quirk et al., 1985, 1386-1387; 黄国文，1996)。虽然引导词为零位的分裂句相当多(Collins, 1991a, 35)，但是 MTC 的引导词为零位的实例极少。从结构组成成分的视角看，MTC 和分裂句都包括五大部分：it、突出成分、be、引导词和嵌入句。除了突出成分的位置不同之外，二者在结构成分上没有很大的不同之处。

2. 句法类别的异同点

根据表 6-2，在分裂句中，突出成分的句法类别及其百分比如下：名词短语占 49.8%，介词短语占 24%，限定从句占 9.5%，代词占 9.3%，副词短语占 5.6%，动名词短语占 0.8%，省略的限定从句占 0.5%，名词从句占 0.3% ，不定式占 0.2%。分裂句突出成分句法类别很显著的特点之一是，名词短语的频率比其他类别的频率高得多，而代词占的比例很低。

表 6-2　　MTC 和分裂句的突出成分句法类别

	名词短语	介词短语	限定从句	代词	副词短语	动名词短语	省略的限定从句	名词从句	不定式	共计
分裂句	304 (49.8%)	146 (24%)	58 (9.5%)	57 (9.3%)	34 (5.6%)	5 (0.8%)	3 (0.5%)	2 (0.3%)	1 (0.2%)	610 (100%)
MTC	166 (27.2%)	52 (8.5%)		378 (62%)	13 (2.1%)	1 (0.2%)				610 (100%)

(X^2=1736.181 df=4 P=.000)

注：代词在本文中从名词短语类别中独立出来，自成一类，旨在研究代词在分裂句和 MTC 中的分布规律。

在我们的语料里面，MTC 的突出成分没有出现限定从句、省略的限定从句、名词从句和不定式等，只出现了五类：代词、名词短语、介词短语、副词短语和动名词短语。代词，如例(28)，占 62%(378)，是前置成分中占比例最大的一类，而且远远高于其他类别，跟分裂句中代词的比例形成鲜明的对比，这是 MTC 最突出的特征之一。名词短语，如例(29)，是第二大类，占 27.2%(166)。其他三类占的比例很小：前置的介词短语，如例(30)，占 8.5%(52)，MTC 中的前置介词短语的一个重要特征是它们一般含有指示代词 this，如 for this reason、in this way 等；前置的副词短语，如例(31)，占 2.1%(13)，一般是 here、there 和 then 等词；在如此大的语料里面，动名词前置的情况只检索到一例，即例(32)。

(28) And let us bear in mind always that the period I have gone over in this essay begins when the Reformer was already beyond the middle age, and already broken in bodily health: it has been the story of an old man's friendships. *This it is that makes Knox enviable*. Unknown until past forty, he had then before him five-and-thirty years of splendid and influential life, passed through uncommon hardships to an uncommon degree of power, lived in his own country as a sort of king, and did what he would with the sound of his voice out of the pulpit.

(Robert Stevenson: *Familiar Studies of Men & Books*)

(29) The cylinder was already opened in the centre of the pit, and on the farther edge of the pit, amid the smashed and gravel-heaped shrubbery, one of the great fighting-machines, deserted by its occupant, stood stiff and tall against the

evening sky. At first I scarcely noticed the pit and the cylinder, although it has been convenient to describe them first, on account of the extraordinary glittering mechanism I saw busy in the excavation, and on account of the strange creatures that were crawling slowly and painfully across the heaped mould near it.

The mechanism it certainly was that held my attention first. It was one of those complicated fabrics that have since been called handling-machines, and the study of which has already given such an enormous impetus to terrestrial invention.

[Herbert Wells: *The War of the Worlds* (Book Two)]

(30) Doctor Snoffler lived at Worcester, and had lately advertised in the Hue and Cry a number of articles taken from his house. Mr. Macshane said, in reply to this, that his hat had been changed at the inn, and he was ready to take his oath that he came thither in a gold-laced one. But this fact was disproved by the oaths of many persons who had seen him at the inn. And he was about to be imprisoned for the thefts which he had not committed (the fact about the hat being, that he had purchased it from a gentleman at the "Three Rooks" for two pints of beer)—he was about to be remanded, when, behold, Mrs. Hayes the elder made her appearance; and *to her it was that the Ensign was indebted for his freedom.*

(William Thackeray: *Catherine: A Story*)

(31) So that though Moby Dick had in a former year been seen, for example, on what is called the Seychelle ground in the Indian ocean, or Volcano Bay on the Japanese Coast; yet it did not follow that were the Pequod to visit either of those spots at any subsequent corresponding season, she would infallibly encounter him there.

So, too, with some other feeding-grounds, where he had at times revealed himself. But all these seemed only his casual stopping-places and ocean-inns, so to speak, not his places of prolonged abode. And where Ahab's chances of accomplishing his object have hitherto been spoken of, allusion has only been made to whatever way-side, antecedent, extra prospects were his, ere a particular set time or place were attained, when all possibilities would become probabilities, and, as Ahab fondly thought, every possibility the next thing to a certainty. That particular set time and place were conjoined in the one technical phrase—the Season-on-the-Line. For there and then, for several consecutive years, Moby Dick had been periodically descried, lingering in those waters for awhile, as the sun, in its annual round, loiters for a predicted interval in any one sign of the Zodiac. *There it was, too, that most of the deadly encounters with the white whale had taken place*; there the waves were storied with his deeds; there also was that tragic spot where the monomaniac old man had found the awful motive to his vengeance.

(Herman Melville: *Moby Dick*)

(32) That all the miseries which nature owes
Were mine at once. No; come thou home, Rousillon,
Whence honour but of danger wins a scar,
As oft it loses all. I will be gone.
My being here it is that holds thee hence.

(William Shakespeare: *All's Well That Ends Well*)

卡方检验结果($X^2=1736.181$ df=4 P=.000)表明,MTC 和分裂句的突出成分类别在比例上有非常显著的差异。根据以上内容,分裂句和 MTC 突出成分的类别按照频率从高到低的顺序大致可以得到下面的分布规律:

分裂句:名词短语>介词短语>限定从句>代词>副词短语>动名词短语>省略的限定从句>不定式

MTC:代词>名词短语>介词短语>副词短语>动名词短语

值得注意的是,在 MTC 中突出成分为代词的情况所占比例极高。根据表6-3,分裂句中频率最高的是 4 个人称代词:he(2.1%),you(1.9%),I(1.4%)和 she(1%)。在 386 个突出成分为代词的分裂句中,表示外指的代词 you、I、me、we、myself、us 和 yourself 占总数的 43.5%(168);而 MTC 中频率最高的是代词 he(29%)。this(17.7%)和 she(9%),表示外指的 you、I、we、thou 和 ye 仅仅占代词总数(378)的 3.4%(13)。MTC 中 this 的比例是分裂句中 this 的 25 倍,比例变化最大。鉴于第一和第二人称代词是外指,不具有语篇衔接力,第三人称才有(Halliday & Hansan, 1976, 48),MTC 的突出成分更倾向于服务语篇的上下文衔接。

表 6-3　　**MTC 和分裂句的突出成分为代词的情况**

	he	you	I	she	this	that	they	me	we	him
分裂句	87 (2.1%)	79 (1.9%)	58 (1.4%)	39 (1%)	30 (0.7%)	24 (0.6%)	15 (0.4%)	12 (0.3%)	9 (0.2%)	7 (0.17%)
MTC	117 (29%)	7 (1.2%)	3 (0.5%)	55 (9%)	108 (17.7%)	4 (0.7%)	7 (1.2%)		1 (0.2%)	2 (0.3%)

注:鉴于分裂句中突出成分为代词的情况频率很低,为研究分裂句中代词的分布情况,我们检索了 4082 个分裂句,其中突出成分是代词的情况共 386 个实例,本表中分裂句这一行的百分比是指各个代词在 4082 个分裂句中的百分比。表中没列出的代词有 everyone (6 例)、myself(5 例)、us(3 例)、one(2 例)、himself(2 例)、yourself(2 例)、something(2 例)、somebody(1 例)、her(1 例)、the other(1 例)和 them(1 例)。MTC 没列出的代词有 one (of)(4 例)、these(3 例)、the former(2 例),以及 thou、ye、something、the latter 和 such 各 1 例。

3. 突出成分和嵌入句信息度的异同点

MTC 和分裂句突出成分、嵌入句在信息量上存在差异。根据表 6-4,在分裂句中,嵌入句和突出成分的平均字数分别为 7.95 和 5.11,嵌入句的信息量是突出成分信息量的 1.6 倍。在 MTC 中,嵌入句和突出成分的平均字数分别为 14.67 和 1.78,嵌入句的信息量是突出成分信息量的 8 倍。很明显,MTC 的嵌入句跟突出成分在信息量上的比例远远高于分裂句的嵌入句跟突出成分在信息量上的比例。分裂句的突出成分的信息量是 MTC 的突出成分的信息量的 2.9 倍,而 MTC 的嵌入句的信息量却是分裂句的嵌入句的信息量的 1.8 倍。很明显,MTC 的突出成分的信息量低于分裂句的突出成分的信息量,但是其嵌入句的信息量远高于分裂句的嵌入句的信息量。分裂句的嵌入句和 MTC 的嵌入句的信息量在统计学上有非常显著的差异,而且两者突出成分的信息量在统计学上也有非常显著的差异。

表 6-4　　**MTC 和分裂句的突出成分和嵌入句信息量**

	突出成分(平均字数)	嵌入句(平均字数)
分裂句	5.11	7.95
MTC	1.78	14.67

P=.000

注:本表格是随机抽取了分裂句和 MTC 各 200 个实例作为样本进行统计的结果。P 值是两者的嵌入句之间、突出成分之间的字数分布差异进行 Mann-Whitney *U* 检验后所得的结果。

4. 句法功能上的异同点

根据表 6-5,从句法功能的视角看,分裂句的特征是,突出成分在未分裂句中起主语和状语功能的两类各占 48.9%和 41.4%,是最突出的两类,而其他功能的比例则很低。MTC 的特征是,突出成分在未分裂句中作主语的情况占 80%(488),占比例最大,而且其比例远远高于状语(10.7%)、宾语(7.7%)和限定语(1.6%),这也是 MTC 的突出特征之一。卡方检验($X^2=322.612$ df=3 P=.000)表明,MTC 和分裂句突出成分的句法功能比例在统计学上有非常显著的差异。二者的突出成分在未分裂句中的句法功能按频率从高到低的顺序大致可得出以下规律:

分裂句:主语>状语>宾语>限定语>表语

MTC: 主语>状语>宾语>限定语

表 6-5　　MTC 和分裂句的突出成分在未分裂句中的句法功能

	主语	状语	宾语	限定语	表语	共计
分裂句	298 (48.9%)	253 (41.4%)	55 (9%)	3 (0.5%)	1 (0.2%)	610 (100%)
MTC	488 (80%)	65 (10.7%)	47 (7.7%)	10 (1.6%)		610 (100%)

($X^2=322.612$ df=3 P=.000)

以上分析表明,MTC 和分裂句的共性是二者都突出主语,都不突出宾语。两者最显著的不同点是,各功能的比例不同。MTC 中主语的比例大大高于分裂句中主语的比例,而状语的比例却大大低于分裂句中状语的比例。

第四节　小　结

仅从主位、形式或主题化的视角无法全面解释 MTC。MTC 和分裂句在结构上虽然都包括 it、突出成分、be、引导词和嵌入句五大部分,但不是任何分裂句都可以构成 MTC。MTC 的突出成分之前仍然可出现语篇主位、人际主位,甚至概念主位。MTC 也有否定的陈述句形式。MTC 的结构可总结如下:

[连词]\[插入语]\[左移位]\[焦点副词]+突出成分+[焦点副词]\[插入语]

+it+[情态动词]\[插入语]+be+[否定]\[焦点副词]\[右移位]\[插入语]\[嵌入句修饰成分]+引导词+嵌入句

MTC 嵌入句的谓语在数上跟前置成分保持一致,前置成分是嵌入句的先行项。分裂句的突出成分主要是名词短语,远远高于其他类别,突出成分为代词的比例很低。MTC 的突出成分主要是代词,而且其比例远远高于名词短语等其他类别。MTC 突出成分的信息量低于分裂句突出成分的信息量,但是嵌入句的信息量高于分裂句的嵌入句的信息量。MTC 比分裂句更倾向于突出主语。

MTC 还有许多要研究的方面。Nelson(1997)在 100 万词的 International Corpus of English(收录的是 1990~1993 年间的大不列颠英语,包括 40 万词的书面语和 60 万词的口语)里面检索到 7 例 MTC,但遗憾的是作者没有提及这些 MTC 在书面语和口语中各占几例。口语中 MTC 的结构、突出成分及嵌入句的信息量等方面是否有别于书面语中的 MTC。若能检索大量古代英语、中代英语语料,查看 MTC 实例的存在情况,从语言嬗变的视角对 MTC 进行历时研究,分析其特点,必将有益于揭示 MTC 的语言规律。作为一种语言现象,MTC 的语言规律仍需要进一步探索。

注释

① MTC 结构不同于古英语和早期中代英语中的"代词+it+be+(从句)"结构,如 ic hyt eom=I it am,因为在前者中 it 是主语,而在后者中代词是主语(Smith, 1906, 77-78; Visser, 1963, 41-42; Ball, 1994),而且后者在中代英语晚期已经被淘汰(Ball, 1994, 618)。

附录　标记主位分裂句实例

1. "This it is," she said, "which has brought all these evils on me." (Rider Haggard: *The Wanderer's Necklace*)
2. Jack it was who caught all the fish, though he made more noise than any one else, and followed no rules laid down in The Complete Angler. (Kate Douglas Wiggin: *A Summer in a Canyon: A California Story*)
3. [...] this it is that was described by a German commodore as "the trampling upon by Malietoa of the German Emperor". (Robert Louis Stevenson: *A Footnote to History*)
4. Why! He it was who let me hold the reins for the first time in my life and allowed me to play with the great four-in-hand whip outside the doors of the coach-house. (*A Personal Record* by Joseph Conrad)
5. A bitter taste it is that such poor cattle always have in their mouths, and hard lives they live, Jacques. (Charles Dickens: *A Tale of Two Cities*)
6. The devil it is that's thy master. (William Shakespeare: *All's Well That Ends Well*)
7. My being here it is that holds thee hence. (William Shakespeare: *All's Well That Ends Well*)
8. And upon this account it was that I formerly did, and do still think, the offering and inculcating such propositions, in order to give the understanding any new light, or inlet into the knowledge of things, no better than trifling. (John Locke: *An Essay Concerning Human Understanding*)

9. Here it was that fair Ellen was to be married on that morn [...]. (Howard Pyle: *The Merry Adventures of Robin Hood*)

10. Ritter, I think, it is who complains naively enough, that the Alexandrian Neoplatonists had a bad habit, which grew on them more and more as the years rolled on, of mixing up philosophy with theology, and so defiling, or at all events colouring, its pure transparency. (Charles Kingsley: *Anlexandria and Her Schools*)

11. A strange occurrence it was which turned his thoughts in that direction. (George MacDonald: *At the Back of the North Wind*)

12. This experience it was which led to the insertion of a clause in the Congressional instructions to the commission requiring them to make examinations regarding the frequency and severity of earthquakes. (Andrew White: *Autobiography of Andrew White*)

13. He it was who, doubtless from a mixture of motives, personal and public, had proposed the abolition of the Missouri Compromise, which since the year 1820 had been the bulwark of the new territories against the encroachments of slavery. (Andrew White: *Autobiography of Andrew White*)

14. [...] poor Mrs. Gibson it was that died of consumption, four or five years after her marriage—three years after the death of her great-uncle, and when her only child, Molly, was just three years old. (Elizabeth Gaskell: *Wives and Daughters*)

15. [...] that ineffability it was which made the dimple in his dyed cheek, suppled his joints, and dancing in his yellow curls made him preeminently the Handsome Sailor. (Herman Melville: *Billy Budd*)

16. The dog it was that died. (Elizabeth Gaskell: *Wives and Daughters*)

17. He it was who hoodwinked the captain of a French ship of double the size and strength of his own, and fairly cheated him into the surrender of his craft without the firing of a single pistol or the striking of a single blow. (Merle Johnson: *Book of Pirates Howard Pyle Compiled*)

18. [...] he it was who sailed boldly into the port of Gambia, on the coast of Guinea, and under the guns of the castle, proclaiming himself as a merchant

trading for slaves. (Merle Johnson: *Book of Pirates Howard Pyle Compiled*)

19. [...] that it was which caus'd Our swifter composition. (William Shakespeare: *The Tragedy of Coriolanus*)

20. She it was who heard the first yelps of the dogs. (Jack London: *Burning Daylight*)

21. They it was that could have given the cue to her saying yes when she had meant to say no. (Jack London: *Burning Daylight*)

22. He it is that hath assum'd this age; indeed a banish'd man. (William Shakespeare: *Cymbeline*)

23. [...] yet religion it was which at the outset clothed it in its own garb, and familiarised men with it by appealing to their hearts first and then to their intellects; knowing that at the beginning of things it is through the moral nature, and not through the intellectual, that great truths are spread. (Oscar Wilde: *Essays and Lectures*)

24. Law it is, which is without name, or color, or hands, or feet; which is smallest of the least, and largest of the large; all, and knowing all things; which hears without ears, sees without eyes, moves without feet, and seizes without hands. (Ralph Waldo Emerson: *Worship*)

25. She it was who received three vellum-skins to bind the duchess's Book of Hours, and who was employed to prepare parchment for the use of the duke's scribes. (Robert Louis Stevenson: *Familiar Studies of Men & Books*)

26. And she it was who bound in vermilion leather the great manuscript of Charles's own poems, which was presented to him by his secretary, Anthony Astesan, with the text in one column, and Astesan's Latin version in the other. (Robert Louis Stevenson: *Familiar Studies of Men & Books*)

27. And this it was that he began to perceive after the accession of Elizabeth. (Robert Louis Stevenson: *Familiar Studies of Men & Books*)

28. The same Johann II. it was who purchased Plassenburg Castle and Territory (cheap, for money down), where the Family afterwards had its chief residence. (Thomas Carlyle: *History of Friedrich II of Prussia* Vol. 2)

29. Such a sleek, slim youth it was who sat up facing me, with a flush of gentle surprise on his face, and dapper hands that felt cautiously about his anatomy for injured places. (Edwin Arnold: *Gulliver of Mars*)
30. [...] that book it was which sent to these trans-Atlantic shores the founders of your great nation. (Charles Kingsley: *Historical Lecturers and Essays*)
31. [...] from this very copy it was that Columbus obtained confirmation of his belief that the passage across the ocean to Marco Polo's land of Zipango in Asia was short. (Andrew Dickson White: *History of the Warfare of Science with Theology in Christendom*)
32. This it was that gave me a thought. (Louis Stevenson: *Kidnapped*)
33. A crown it is that seldom kings enjoy. (William Shakespeare: *The Third Part of King Henry the Sixth*)
34. And in the same manner it was that God spake to Solomon, promising him wisdom, riches, and honour. (Thomas Hobbes: *Leviathan*)
35. A merry feast it was to which Sir Richard came, but a sorry lot he left behind him, and little hunger had they for the princely food spread before them. (Howard Pyle: *The Merry Adventures of Robin Hood*)
36. Lastly, by pretence of these laws it was that St. Stephen was stoned, and not by pretence of private zeal. (Thomas Hobbes: *Leviathan*)
37. This window it is that gives entrance to the dark doctrine, first, of eternal torments, and afterwards of purgatory, and consequently of the walking abroad, especially in places consecrated, solitary, or dark, of the ghosts of men deceased; and thereby to the pretences of exorcism and conjuration of phantasms, as also of invocation of men dead; and to the doctrine of indulgences. (Thomas Hobbes: *Leviathan*)
38. [...] that individual it is who takes the liberty of addressing one whose slight commendation then, was more thought of than all the gun drum and trumpet of praise would be now, and to submit to you a free and easy sort of thing which he wrote some months ago "on one leg" and which comes out this week—having either heard or dreamed that you contribute to the "Westminster". (Mrs. Sutherland Orr: *Life and Letters of Robert Browning*)

39. [. . .] and I suppose this it was that prevented its making the same impression on me as now, when it seems really the stateliest town I have ever seen. (Thomas Carlyle: *Life of John Sterling*)
40. That strange dream it was which had made all the difference. (Edward Bellamy: *Looking Backward from 2000 to 1887*)
41. The "go" which they transmitted to us—the national vis—this it is which made the old Angle-land a glorious heritage. (Samuel Smiles: *Men of Invention and Industry*)
42. As Armitage it was that I entered a London banking-house [. . .] (Arthur Conan Doyle: *Memoirs of Sherlock Holmes*)
43. He it was that made it live for me, as the artist can make all things live. (Robert Louis Stevenson: *Memories and Portraits*)
44. [. . .] this it is that sets them to pace the graveyard alleys and to read, with strange extremes of pity and derision, the memorials of the dead. (Robert Louis Stevenson: *Memories and Portraits*)
45. This elusive quality it is, which causes the thought of whiteness, when divorced from more kindly associations, and coupled with any object terrible in itself, to heighten that terror to the furthest bounds. (Herman Melville: *Moby Dick*)
46. That ghastly whiteness it is which imparts such an abhorrent mildness, even more loathsome than terrific, to the dumb gloating of their aspect. (Herman Melville: *Moby Dick*)
47. [. . .] this it was, that kept him a great part of the time soliloquizing. (Herman Melville: *Moby Dick*)
48. This it is, that for ever keeps god's true princes of the Empire from the world's hustings; and leaves the highest honors that this air can give, to those men who become famous more through their infinite inferiority to the choice hidden handful of the Divine Inert, than through their undoubted superiority over the dead level of the mass. (Herman Melville: *Moby Dick*)
49. [. . .] this it is that often torments the Leviathan into soon rising again to meet the sharp lance of his foes. (Herman Melville: *Moby Dick*)

50. This it was that had been crying. (Marie McLaughlin: *Myths and Legends of the Sioux*)
51. [...] this it was that Big Eagle had joined. (Marie McLaughlin: *Myths and Legends of the Sioux*)
52. He it was who watched and watered their crops. (John Fiske: *Myths and Myth-Makers*)
53. He it was who took the chieftain prisoner with his own hand. (Robert Louis Stevenson: *New Arabian Nights*)
54. [...] and this it was which left upon her face, glistening in the light when they returned home, traces of the most grateful tears she had ever shed. (Charles Dickens: *Nicholas Nickleby*)
55. Some such object it was that induced you to call on me? (Charles Dickens: *Nicholas Nickleby*)
56. But ever when true friendship binds, Spirit it is that spirit finds. (Elizabeth Gaskell: *North and South*)
57. She it was who, with my help, would lift the family back again to its proper position in society. (Jerome K. Jerome: *Paul Kelver*)
58. He it was who, on my explaining my heightened colour as due to the closeness of the evening, congratulated his niece on having secured so warm a partner. (Jerome K. Jerome: *Paul Kelver*)
59. He alone it was who would listen with approval to my dreams of becoming a famous tragedian, a writer of soul-searching books, of passion-analysing plays. (Jerome K. Jerome: *Paul Kelver*)
60. Uncle Gutton it was who had divined from the outset the sort of husband the fair Rosina would come eventually to desire—a plain, simple, hard-working, level-headed sort of chap, with no hity-tity nonsense about him. (Jerome K. Jerome: *Paul Kelver*)
61. The oven it was that set itself to thwart his best wrought schemes. (Jerome K. Jerome: *Paul Kelver*)
62. [...] and she it was who told me you were to marry Mr. Elliot. (Jane Austen: *Persuasion*)

63. This lurking malady it was that made him wait, and dally with his talent. (Andrew Lang: *R. F. Murray: His Poems with a Memoir*)
64. Ruth was to engage a waiter from the inn, and this it was that detained her so long. (Elizabeth Gaskell: *Ruth*)
65. [...] this it was that took out of him the buoyancy and natural gladness of youth, in a way which no scantiness of food or clothing or want of any outward comfort, could ever have done. (Elizabeth Gaskell: *Ruth*)
66. And this consideration, perhaps it was, which prevented Captain Blifil from being more explicit with Mrs. Wilkins, or from encouraging the abuse which she had bestowed on Allworthy. (Henry Fielding: *The History of Tom Jones, a Foundling*)
67. And this merit, I believe, it was, which principally recommended Mr. Fitzpatrick to her favour. (Henry Fielding: *The History of Tom Jones, a Foundling*)
68. [...] for on this it is that the most striking character in the entomology of different countries depends. (Charles Darwin: *The Voyage of the Beagle*)
69. This it was which had caused the regular beating noise, and the rhythmic shocks that had kept our ruinous refuge quivering. [Herbert Wells: *The War of the Worlds* (Book Two)]
70. This speech it was that particularly impressed Bert Smallways. (Herbert Wells: *The War in the Air*)
71. I heard a dog howling, and that familiar sound it was that made me listen [Herbert Wells: *The War of the Worlds* (Book Two)]
72. The gun he drove had been unlimbered near Horsell, in order to command the sand pits, and its arrival it was that had precipitated the action. [Herbert Wells: *The War of the Worlds* (Book One)]
73. The constitution it was that waited. (Herbert Wells: *The World Set Free*)
74. He it was who was put forward on the Republican side for the Presidency, while Adams, still favored by the Federalists and himself desiring a second term of office, became the Federalist candidate. (Edward Ellis: *Thomas Jefferson*)
75. There passed across her vision ten times a day the gleam of a bare blade, and

at this it was that she most shut her eyes, most knew the impulse to cheat herself with motion and sound. (Henry James: *The Golden Bowl*)

76. From him it was that I learnt that I let the nets loose again, and so arrested my fall. (Herbert Wells: *Tono-Bungay*)

77. Amidships were lockers made of Watson's Aulite material, and between these it was that I had put my uncle, wrapped in rugs. (Herbert Wells: *Tono-Bungay*)

78. To these qualities it was that he owed his present command. (Ralph Connor: *The Patrol of the Sun Dance Trail*)

79. He it is whose terrible war-cry has scattered her sisters among the trees of the forest! (Charles Eastman: *Old Indian Days*)

80. Though Nicholas never said so, it came to Christina that she herself, her sweet example, her ennobling influence it was that had wrought this wondrous change. (Jerome K. Jerome: *The Soul Of Nicholas Snyders, or the Miser of Zandam*)

81. Well, in all these recognitions and disgraces it is that there lies a voluptuous pleasure. (Fyodor Dostoevsky: *Notes from the Underground*)

82. As the parent of fictitious biography it is that Bunyan has charmed the world. (Edmund Venables: *The Life of John Bunyan*)

83. This morbid suspiciousness it was that led Mary to yield her rights in the matter of the name: the confusion between them was never-ending; and, at the first hint that the change would come gracefully from her, Mrs. Ned had flown into a passion. (Henry Handel Richardson: *Australia Felix*)

84. This son it was who kept them in the neighborhood of London, for the Admiral was as fond of ships and of salt water as ever, and was as happy in the sheets of a two-ton yacht as on the bridge of his sixteen-knot monitor. (Arthur Conan Doyle: *Beyond the City*)

85. Your villain it was that set the poor lady, and had the impudence to appear, and abet the sheriff's officers in the cursed transaction. (Samuel Richardson: *Clarissa Harlow* Vol. 7)

86. To this it is that such vile fellows owe much of their vileness: whereas, if

they found themselves shunned, and despised, and treated as beasts of prey, as they are, they would run to their caverns; there howl by themselves; and none but such as sad accident, or unpitiable presumption, threw in their way, would suffer by them. (Samuel Richardson: *Clarissa Harlow* Vol. 7)

87. Every one is of opinion that the dear naughty creature is working about to be forgiven and received: and for this reason it is that Betty has been forbidden, [not by me, you may be assured!] to mention any more of her letters; for she did speak to my Bella of some moving passages you read to her. (Samuel Richardson: *Clarissa Harlow* Vol. 7)

88. that color and race are not crimes, and yet they it is which in this land receive most unceasing condemnation, North, East, South, and West. (William Du Bois: *Of the Training of Black Men*)

89. And this very detestation it was which brought matters to a curious climax. (*Round the Red Camp* by Arthur Doyle)

90. And this joy it was which led him to take a step which was quite at variance with his usual habits. (Arthur Doyle: *Round the Red Camp*)

91. This puffing humour it is that hath produced so many great tomes, built such famous monuments, strong castles, and Mausolean tombs, to have their acts eternalized, —Digito monstrari, et dicier hic est; to be pointed at with the finger, and to have it said "there he goes", to see their names inscribed, as Phryne on the walls of Thebes, Phryne fecit. (Robert Burton: *Anatomy of Melancholy*)

92. Our intemperance it is, that pulls so many several incurable diseases upon our heads, that hastens old age, perverts our temperature, and brings upon us sudden death. (Robert Burton: *Anatomy of Melancholy*)

93. This it is which makes him grieve so constantly. (Andrew Lang: *The Blue Fairy Book*)

94. He it was who put that wish into your wife's head. (Andrew Lang: *The Blue Fairy Book*)

95. She it was who had first seen the image of the prince. (Andrew Lang: *The Blue Fairy Book*)

96. This empty fancy it is that has done many a servant of God to death! (Andrew Lang: *The Blue Fairy Book*)
97. And a fearsome sight it was that met their eyes! (Arthur Doyle: *The White Company*)
98. Through this wild country it was that Sir Nigel and his Company pushed their way, riding at times through vast defiles where the brown, gnarled cliffs shot up on either side of them, and the sky was but a long winding blue slit between the clustering lines of box which fringed the lips of the precipices; or, again leading their horses along the narrow and rocky paths worn by the muleteers upon the edges of the chasm, where under their very elbows they could see the white streak which marked the gave which foamed a thousand feet below them. (Arthur Doyle: *The White Company*)
99. Robert it was, who came clanking in, met by his father at the gate, by his mother at the door, and by Bernard on his crutch in the rear, while Grisell, who had never seen this brother, hung back. (Charlotte Yonge: *Grisly Grisell*)
100. This it was, which had led the men of the fishing-party to express in their way, their sorrow for the young lady, when she should hear of the events at the farm-house, even while passing their rude encomiums on the sweetness of disposition of her, whom they already regarded as the wife of their young officer. (John Richardson: *Hardscrabble*)

参考文献

Abraham, E. (1991). Why "because"? The management of given/new information as a constraint on the selection of causal alternatives. *Text*, 3, 323-339.

Allerton, D. (1978). The notion of "givenness" and its relation to presupposition and theme. *Lingua*, 44, 133-168.

Allwright, R. L. et al. (1988). Investigating reformulation as a practical strategy for the teaching of academic writing. *Applied Linguistics*, 9, 236-256.

Anderson, A. H. et al. (1991). The HCRC map task corpus. *Language and Speech*, 34(4), 83-97.

Ariel, M. (1985). The discourse functions of given information. *Theoretical Linguistics*, 12(2-3), 99-113.

Ariel, M. (1988). Referring and accessibility. *Journal of Linguistics*, 24(1), 65-87.

Ariel, M. (1990). *Accessing noun-phrase antecedents*. London: Routledge.

Ariel, M. (1991). The function of accessibility in a theory of grammar. *Journal of Pragmatics*, 16(5), 443-463.

Ariel, M. (1994). Interpreting anaphoric expressions: A cognitive versus a pragmatic approach. *Journal of Linguistics*, 30(1), 3-42.

Ariel, M. (2001). Accessibility theory: An overview. In T. Sanders, J. Schliperoord & W. Spooren (Eds.), *Text representation* (pp. 29-87). Amsterdam and Philadelphia: John Benjamins.

Ariel, M. (2006). Accessibility theory. In K. Brown (Ed.), *Encyclopedia of language and linguistics* (2nd edition) (pp. 15-18), Oxford: Elsevier.

Arnold, J. E., Losongco, A., Wasow, T. & Ginstrom, R. (2000). Heaviness vs. newness: The effects of structural complexity and discourse status on constituent ordering. *Language*, 76(1), 28-55.

Ball, C. N. (1994). The origins of the informative-presupposition *it*-cleft. *Journal of Pragmatics*, 22, 603-628.

Baumann, S. & Schumacher, P. (2012). (De-)Accentuation and the processing of information status—evidence from event-related brain potentials. *Language and Speech*, 55(3), 361-381.

Baumann, S. & Riester, A. (2012). Referential and lexical givenness: Semantic, prosodic and cognitive aspects. In G. Elordieta & P. Prieto (Eds.), *Prosody and meaning: Interface explorations* (25) (pp. 119-161). Berlin: Mouton De Gruyier.

Baumann, S. & Riester, A. (2013). Coreference, lexical givenness and prosody in German. *Lingua*, 136, 16-37.

Bird, H., Howard, D. & Franklin, S. (2000). Why is a verb like an inanimate object? Grammatical category and sematic category deficits. *Brain and Language*, 72, 246-309.

Bird, H., Franklin, S. & Howard, D. (2002). Little words—not really: Function and content words in normal and aphasic speech. *Journal of Neurolinguistics*, 15, 209-237.

Birner, B. (1994). Information status and word order: An analysis of English inversion. *Language*, 70(2), 233-259.

Birner, B. & Ward, G. (1998). *Information status and noncanonical word order in English*. Amsterdam and Philadelphia: John Benjamins.

Black, J. G. & Bower, G. H. (1979). Episodes as chunks in narrative memory. *Journal of Verbal Learning and Verbal Behavior*, 18(3), 309-331.

Bock, K. (1977). The effect of a pragmatic presupposition on syntactic structure in question answering. *Journal of Verbal Learning and Verbal Behavior*, 6, 723-734.

Bourassa, D. & Besner, D. (1994). Beyond the articulatory loop: A semantic contribution to serial order recall of subspan lists. *Psychonomic Bulletin and Review*, 1, 122-125.

Brown, C. (1983). Topic continuity in written English narrative. In T. Givón (Ed.), *Topic continuity in discourse: Quantified cross-language studies* (pp. 313-341). Amsterdam: John Benjamins.

Brown, G. (1980). A study of some features of the information structure of spontaneous spoken discourse. University of Edinburgh.

Brown, G. & Yule, G. (1983). *Discourse analysis*. Cambridge: CUP.

Büring, D. (2007). Intonation, semantics and information structure. In G. Ramchand & C. Reiss (Eds.), *The Oxford handbook of linguistic interface* (pp. 444-473). Oxford: OUP.

Chafe, W. (1974). Language and consciousness. *Language*, 50, 111-133.

Chafe, W. (1976). Givenness, contrastiveness, definiteness, subjects, topics, and point of view. In C. N. Li (Ed.), *Subject and topic* (pp. 25-55). New York: Academic Press.

Chafe, W. (1987). Cognitive constraints on information flow. In R. Tomlin (Ed.), *Coherence and grounding in discourse* (pp. 21-51). Amsterdam and Philadelphia: John Benjamins.

Chafe, W. (1994). *Discourse, consciousness, and time: The flow and displacement of conscious experience in speaking and writing*. Chicago: University of Chicago Press.

Chafe, W. (1996). Inferring identifiability and accessibility. In T. Fretheim & J. K. Gundel (Eds.), *Reference and referent accessibility* (pp. 37-46). Amsterdam: John Benjamins.

Chen, R. (1995). Communicative dynamism and word order in Mandarin Chinese. *Language Sciences*, 17(2), 201-222.

Cheshire, J. & Williams, A. (2002). Information structure in male and female adolescent talk. *Journal of English Linguistics*, 2, 217-238.

Chomsky, N. (1971). Deep structure, surface structure, and semantic interpretation. In D. D. Steinberg & L. A. Jakobovits (Eds.), *Semantics: An interdisciplinary reader in philosophy, linguistics, and psychology* (pp.

183-216). Cambridge: CUP.

Chui, K. (2005). Structuring of information flow in Mandarin Chinese. *Journal of Chinese Linguistics*, 33(1), 34-67.

Clark, H. & Clark, E. (1977). *Language and psychology*. New York: Harcourt.

Clark, H. & Haviland, S. E. (1977). Comprehension and the given-new contract. In R. O. Freedle (Ed.), *Discourse production and comprehension* (pp. 1-40). Hillsdale, NJ: Erlbaum.

Collins, P. C. (1991a). *Cleft and pseudo-cleft constructions in English*. London: Routledge.

Collins, P. C. (1991b). Pseudo cleft and cleft constructions: A thematic and informational interpretation. *Linguistics*, 29, 481-519.

Collins, P. C. (2006). *It*-clefs and *wh*-clefts: Prosody and pragmatics. *Journal of Pragmatics*, 38, 1706-1720.

Coltheart, M. (1981). The MRC Psycholinguistic Database. *The Quarterly Journal of Experimental Psychology*, (33A), 497-505.

Dahl, Ö. (1976). What is new information? In N. Enkvist & V. Kohonen (Eds.), *Reports on text linguistics: Approaches to word order* (pp. 37-50). Åbo: Åbo Akad. Forskninginstitut.

Davidse, K. (1996). Functional dimensions of the dative in English. In W. Belle & W. Langendonck (Eds.), *The dative* (pp. 289-338). Amsterdam: John Benjamins.

Declerck, R. (1983). "It is Mr. Y" or "He is Mr. Y?" *Lingua*, 59, 209-246.

Declerck, R. & Seki, S. (1990). Premodified reduced *it*-clefts. *Lingua*, 82, 15-51.

de Beaugrande, R. & Dressler, W. (1981). *Introduction to text linguistics*. London: Longman.

de Beaugrande, R. (1977). Information and grammar in technical writing. *College Composition and Communication*, 28(4), 325-332.

Delahunty, G. P. (1982). Topics in the syntax and semantics of English cleft sentences. Indiana University Linguistics Club.

Delahunty, G. P. (1984). The analysis of English cleft sentences. *Linguistic Analysis*, 13, 63-113.

Donnellan, K. (1978). Speaker references, descriptions and anaphora. In P. Cole (Ed.), *Syntax and semantics* (9): *Pragmatics*. New York: Academic Press.

Dryer, M. S. (1996). Focus, pragmatic presupposition, and activated propositions. *Journal of Pragmatics*, 26(4), 475-523.

Erteschik-Shir, N. (1997). *The dynamics of focus structure*. Cambridge: CUP.

Eggins, S. (1994). *An introduction to systemic functional linguistics*. London: Continuum International Publishing Group.

Eggins, S. (2004). *An introduction to systemic functional linguistics*. London: Continuum International Publishing Group.

Fawcett, R. P. (in preparation). *Handbook for the analysis of sentences in English text*, vol. 1: *Syntax: A systemic functional approach*. Cardiff: Computational Linguistics Unit, University of Wales, Cardiff.

Fichtner, E. G. (1993). Cleft sentences in English: A comprehensive view. *Word*, 44, 1-30.

Firbas, J. (1966). Non-thematic subjects in contemporary English. *Travaux linguistiques de Prague*, 2, 237-254.

Firbas, J. (1987). On some basic issues of the theory of functional sentence perspective (on Wallace L. Chafe's view on new and old information and communicative dynamism). *Brno Studies in English*, 17, 51-59.

Firbas, J. (2007). *Functional sentence perspective in written and spoken communication*. Beijing: World Publishing Company.

Fox, B. A. (1987). Morpho-syntactic markedness and discourse structure. *Journal of Pragmatics*, 11(3), 359-375.

Geluykens, R. (1988). Five types of clefting in English discourse. *Linguistics*, 26, 823-841.

Gelukens, R. (1991). Information flow in English conversation: A new approach to the given-new distinction. In E. Ventola (Ed.), *Functional and systemic linguistics: Approaches and uses* (pp. 141-167). Berlin: Mouton de Gruyter.

Givón, T. (Ed.). (1983a). *Topic continuity in discourse: Quantified cross-language studies*. Amsterdam: John Benjamins.

Givón, T. (1983b). Topic continuity in spoken English. In T. Givon (Ed.), *Topic continuity in discourse: Quantified cross-language studies* (pp. 343-363). Amsterdam: John Benjamins.

Givón, T. (1995). Isomorphism in the grammatical code. In R. Simone (Ed.), *Iconicity in language* (pp. 47-76). Amsterdam and Philadelphia: John Benjamins.

Grice, H. P. (1975). Logic and conversation. In P. Cole & J. L. Morgan (Eds.), *Syntax and semantics: Speech acts* (pp. 41-59). New York: Academic Press.

Grimes, J. (1984). *The thread of discourse*. The Hague: Mouton.

Gundel, J. K. (1974). *The role of topic and comment in linguistic theory*. Ph. D. dissertation, University of Texas.

Gundel, J. K. (1988). Universals of topic-comment structure. In M. Hammond, E. Moravcsik & J. Wirth (Eds.), *Studies in syntactic typology* (pp. 209-239). Amsterdam: Benjamins.

Gundel, J. K. (1999). On different kinds of focus. In P. Bosch & R. van der Sandt (Eds.), *Focus, linguistics, cognitive, and computational perspectives* (pp. 293-305). Cambridge: CUP.

Gundel, J. K. & Fretheim, T. (2006). Topic and focus. In G. Ward & L. Horn (Eds.), *Handbook of pragmatic theory* (pp. 175-196). Oxford: Blackwell.

Gundel, J. K., Hedberg, N. & Zacharski, R. (1993). Cognitive status and the form of referring expressions in discourse. *Language*, 69(2), 274-307.

Gundel, J. K. et al. (2010). Testing predictions of the givenness hierarchy framework: A crosslinguistic investigation. *Journal of Pragmatics*, 42, 1770-1785.

Haberlandt, K., Berian, C. & Sandson, J. (1980). The episode schema in story processing. *Journal of Verbal Learning and Verbal Behavior*, 19(6), 635-651.

Halliday, M. A. K. (1967). Notes on transitivity and theme in English, Part 2. *Journal of Linguistis*, 3(2), 199-244.

Halliday, M. A. K. (1970). Language structure and language function. In J. Lyons (Ed.), *New horizons in linguistics* (pp. 140-165). Harmondsworth: Penguin.

Halliday, M. A. K. (1985). *An introduction to functional grammar*. London: Arnold.

Halliday, M. A. K. (1994). *An introduction to functional grammar*. London: Arnold.

Halliday, M. A. K. (2004). *An introduction to functional grammar*. London: Arnold.

Halliday, M. A. K. & Hasan, R. (1976). *Cohesion in English*. London: Longman.

Harris, J. (1751). *Hermes: or a philosophical inquiry concerning language and universal grammar*. Menston: Scolar Press.

Hedberg, N. A. (1990). *Discourse pragmatics and cleft sentences in English*. Ph. D. dissertation, University of Minnesota.

Huang, G. & Fawcett, R. (1996). A functional approach to two "focussing" constructions in English and Chinese. *Language Sciences*, 18, 179-194.

Huddleston, R. (1984). *Introduction of the grammar of English*. Cambridge: CUP.

Huddleston, R. & Pullum, G. (2002). *The Cambridge grammar of the English language*. Cambridge: CUP.

Hymes, D. (1974). *Foundations in sociolinguistics*. Philadelphia: University of Pennsylvania Press.

Jackendoff, R. (1972). *Semantic interpretation in generative grammar*. Cambridge: MIT press.

Ji, S. (2002). Identifying episode transitions. *Journal of Pragmatics*, 34(9), 1257-1271.

Ji, S. (2007). A textual perspective on Givón's quantity principle. *Journal of Pragmatics*, 39(2), 292-304.

Jones, G. V. (1985). Deep dyslexia, imageability and ease of prediction. *Brain and Language*, 24, 1-19.

Kaiser, E. (2006). Negation and the left periphery in Finnish. *Lingua*, 116, 314-350.

Kuno, S. (1972). Functional sentence perspective: A case study from Japanese and English. *Linguistic Inquiry*, 3, 269-320.

Kuno, S. (1978). Generative discourse analysis in America. In W. Drssler (Ed.), *Current trends in textlinguistics* (pp. 275-294). New York: de Gruyter.

Kuno, S. (1983). *Functional syntax: Anaphora, discourse and empathy*. Chicago: University of Chicago Press.

Kuno, S. & Takami, K. (2004). *Functional constraints in grammar*. Amsterdam and Philadelphia: John Benjamins.

Ladd, D. (1980). *The structure of intonational meaning: Evidence from English*. Bloomington: Indiana University Press.

Lambrecht, K. (1994). *Information structure and sentence form*. Cambridge: CUP.

Loock, R. (2007). Appositive relative clauses and their functions in discourse. *Journal of Pragmatics*, 39(2), 336-362.

Mandler, J. M. & Johnson, N. S. (1977). Remembrances of things parsed: Story structure and recall. *Cognitive Psychology*, 9(1), 111-151.

Mandler, J. M. & Goodman, M. S. (1982). On the psychological validity of story structure. *Journal of Verbal Learning and Verbal Behavior*, 21(5), 507-523.

McCawley, J. D. (1981). The syntax and semantics of English relative clauses. *Lingua*, 53, 99-149.

Mejias-Bikandi, E. (1998). Pragmatic presupposition and old information in the use of the subjunctive mood in Spanish. *Hispania*, 81(4), 941-948.

Meyer, B. J. F. (1975). *The organization of prose and its effect on memory*. Amsterdam: North-Holland.

Miller, P. (2001). Discourse constraints on (non)-extraposition from subject in English. *Linguistics*, 39(4), 683-701.

Nelson, G. (1997). Cleft constructions in spoken and written English. *Journal of English Linguistics*, 25, 340-348.

Perzanowski, D. & J. Gurney. (1997). The functionality of *it*-clefts in selected discourses: The message in the medium. *Word*, 48, 207-236.

Polanyi, L. (1988). A formal model of the structure of discourse. *Journal of Pragmatics*, 12(5-6), 601-638.

Prideaux, G. D. & Hogan, J. T. (1993). Markedness as a discourse management device: The role of alternative adverbial clause orders. *Word*, 44 (3), 397-411.

Prince, E. (1978). A comparison of *wh*-clefts and *it*-clefts in discourse. *Language*, 54, 883-906.

Prince, E. (1981). Toward a taxonomy of given/new information. In P. Cole (Ed.), *Radical pragmatics* (pp. 223-254). New York: Academic Press.

Prince, E. (1992). The ZPG letter: Subject, definiteness, and information status. In S. Thompson & W. Mann (Eds.), *Discourse description: Diverse analyses of a fundraising text* (pp. 295-325.). Amsterdam and Philadelphia: John Benjamins.

Prince, E. (1998). On the limits of syntax, with reference to left-dislocation and topicalization. In P. Culicover & L. McNally (Eds.), *Syntax and Semantics* (29)—*the Limits of Syntax* (pp. 281-302). New York: Academic Press.

Prince, E. & Walker, M. (1996). A bilateral approach to givenness: A hearer-status algorithm and a centering algorithm. In J. Gundel & T. Fretheim (Eds.), *Reference and referent accessibility* (pp. 291-306). Amsterdam: John Benjamins.

Quirk, R. et al. (1985). *A comprehensive grammar of the English language*. London: Longman.

Radford, A. (1988). *Transformational Grammar: A first course*. Cambridge: CPU.

Rumelhart, D. E. (1975). Notes on a schema for stories. In D. G. Bobrow & A. Collins (Eds.), *Representation and understanding: Studies in cognitive science* (pp. 211-236). New York: Academic Press.

Riester, A. & Baumann, S. (2011). Information structure annotation and secondary accents. In S. Dipper & H. Zinsmeister (Eds.), *Beyond semantics: Corpus-based investigations of pragmatic and discourse phenomenal. Bochumer Linguistiche Arbeitsberichte*, (3), 111-127.

Schwarzschild, R. (1999). GIVENness, AvoidF, and other constraints on the placement of accent. *Natural Language Semantics*, 7(2), 141-177.

Schmerling, S. F. (1976). *Aspects of English sentence stress*. Austin: Texas University Press.

Sgall, P., Hajicová, E. & Benesova, E. (1973). *Topic, focus and generative semantics*. Kronberg: Scriptor.

Sgall, P., Hajicová, E. & Panevová, J. (1986). *The meaning of the sentence in its semantic and pragmatic aspects*. Dordrecht: Riedel.

Siewierska, A. (2004). *Person*. Cambridge: CUP.

Smith, C. A. (1906). *Studies in English syntax*. Boston, MA: Ginn.

Sornicola, R. (1988). *It*-clefts and *wh*-clefts: Two awkward sentence types. *Journal of Linguistics*, 24, 343-79.

Sperber, D. & Wilson, D. (1986). *Relevance, communication and cognition*. Oxford: Blackwell Publishers.

Tannen, D. (1987). Repetition in conversation: Toward a poetics of talk. *Language*, 63, 574-605.

Thorndyke, P. W. (1977). Cognitive structures in comprehension and memory of narrative discourse. *Cognitive Psychology*, 9 (1), 77-110.

Tomlin, R. S. (1985). Foreground-background information and the syntax of subordination. *Text*, 5(1-2), 85-122.

Townsend, D. J. & Bever, T. (1977). *Main and subordinate clauses: A study in figure and ground*. IULC: Indiana University Linguistics Club 17.

van Deemter, K. (1994). What's new? A semantic perspective on sentence accent. *Journal of Semantics*, 11, 1-31.

Vallduví, E. (1992). *The informational component*. New York: Garland.

Virtanen, T. (1992a). Given and new information in adverbials: Clause-initial adverbials of time and place. *Journal of Pragmatics*, 17(2), 99-115.

Virtanen, T. (1992b). *Discourse functions of adverbial placement in English*.

Abo: Abo Academi University Press.

Visser, F. (1984). *An historical syntax of the English language*, vol. 1. Leiden: Brill.

Yule, G. (1981). New, current and displaced entity reference. *Lingua*, 55, 41-52.

Zavala, V. (2001). Borrowing evidential functions from Quechua: The role of *pues* as a discourse marker in Andean Spanish. *Journal of Pragmatics*, 33(7), 999-1023.

薄冰、何政安:《薄冰英语语法》,开明出版社 2003 年版。

黄国文:《英语分裂句的结构问题》,《外语研究》1996 年第 2 期。

黄国文:《形式是意义的体现》,《外语与外语教学》1998 年第 9 期。

黄国文:《英语语法结构的功能分析——强势主位篇》,山西教育出版社 2003 年版。

苗兴伟:《语篇的信息连贯》,《外语教学》2003 年第 2 期。

任绍曾:《信息单位与信息状态——试析语言信息的二分说和三分说》,《外语教学与研究》2010 年第 3 期。

史成周:《词项新旧理论述评》,《海外英语》2013 年第 19 期。

史成周:《英汉语信息包装研究》,山东大学出版社 2015 年版。

唐韧:《英语信息结构和指称已知性/未知性:语法和非语法限定》,《宁波大学学报》2010 年第 6 期。

席秋香:《分裂句及其语用特点》,《广州师院学报》1994 年第 1 期。

王义娜:《从可及性到主观性:语篇指称模式比较》,《外语与外语教学》2006 年第 7 期。

徐盛桓:《信息状态研究》,《现代外语》1996 年第 2 期。

张克定:《前置主位的信息状态和语篇功能》,《解放军外国语学院学报》2004 年第 5 期。

张克定:《英语句首空间附加语的语篇功能》,《中国外语》2012 年第 9 期。

张今、张克定:《英汉语信息结构对比研究》,河南大学出版社 2004 年版。

致　谢

我在读硕士时，我的硕导李玉陈老师给我们开设了翻译课。课堂上，李老师对每个词、每个句式的推敲给我留下了深刻的印象。在这些翻译实践过程中，我体会到了英汉语言的差异，对影响英汉语词序的因素产生了兴趣。

我的博士论文研究了影响词序的一个因素——新、旧信息。读博期间，我的博士生导师苗兴伟老师的悉心指导和严谨治学的态度让我终身受益。

在博士论文开题和答辩的过程中，老师们给我提出了很多宝贵的意见，他们是：解放军外国语学院程工教授，山东大学刘振前教授、王湘云教授，南京师范大学辛斌教授，中国海洋大学杨连瑞教授，同济大学张德禄教授，河南大学张克定教授。

论文写作期间，我甚至得到了很多素未谋面的老师的帮助。上海外国语大学的许余龙教授热心地为我提供了他的博士论文英文版，香港城市大学的徐烈炯教授热心地为我提供了在国内查不到的论文，美国北伊利诺伊大学的Betty Birner教授通过邮件为我详细解释了信息结构理论上的问题，以及一些英语术语的准确含义。

本书是我在博士学位论文第三章和2015年出版的专著《英汉语信息包装研究》的第三章的基础上改写和扩充而成。山东大学的刘培平教授对书稿的标题等方面提出了宝贵的修改意见。

在此，向关心我的老师、朋友，提到的和未提到的，见过面的和未见过面的，深表谢意。本书如果误解了他们的观点，或有不当之处，都是我能力有限造成的。

我还要感谢山东大学出版社的王桂琴老师和张申华老师在本书的出版编辑过程中所付出的汗水。

最后，感谢我的家人对我的关心、支持和理解。

史成周

2016 年 10 月 25 日

于山东大学